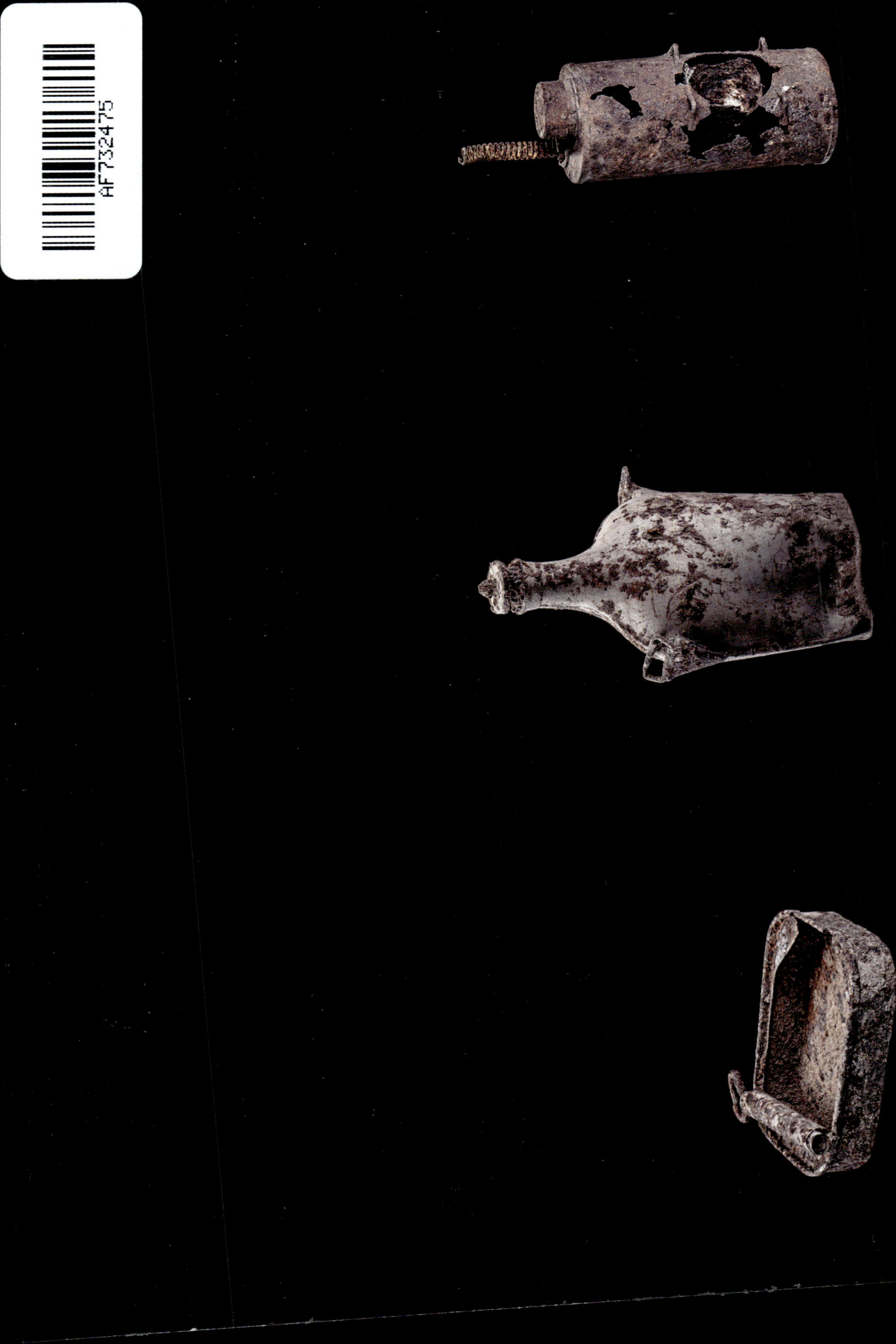

Francesc Torres

Francesc Torres

\- - - - - - - - - - - - - - - -

What Does History Know of Nail-biting?

\- - - - - - - - - - - - - - - -

Ediciones Polígrafa

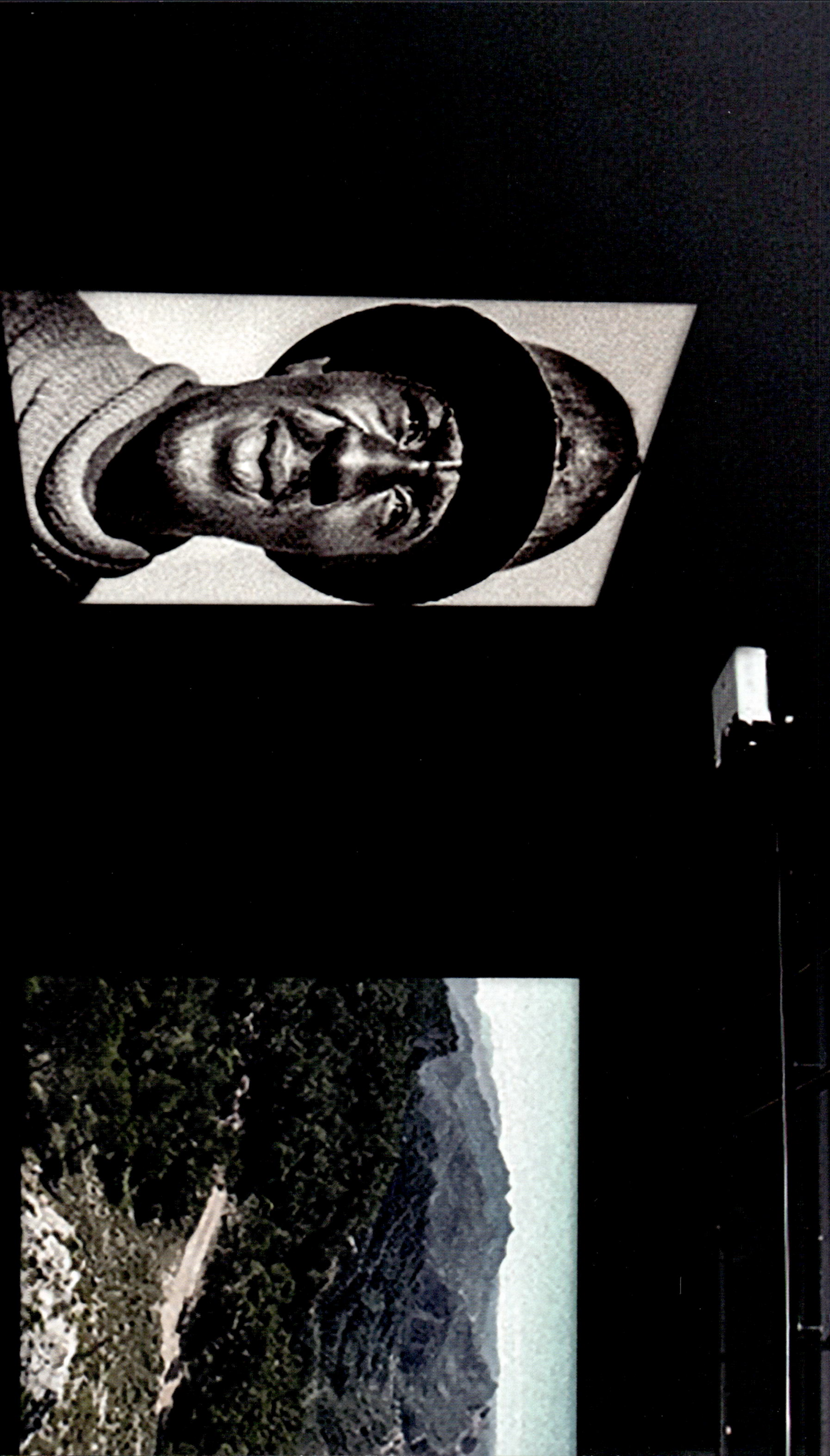

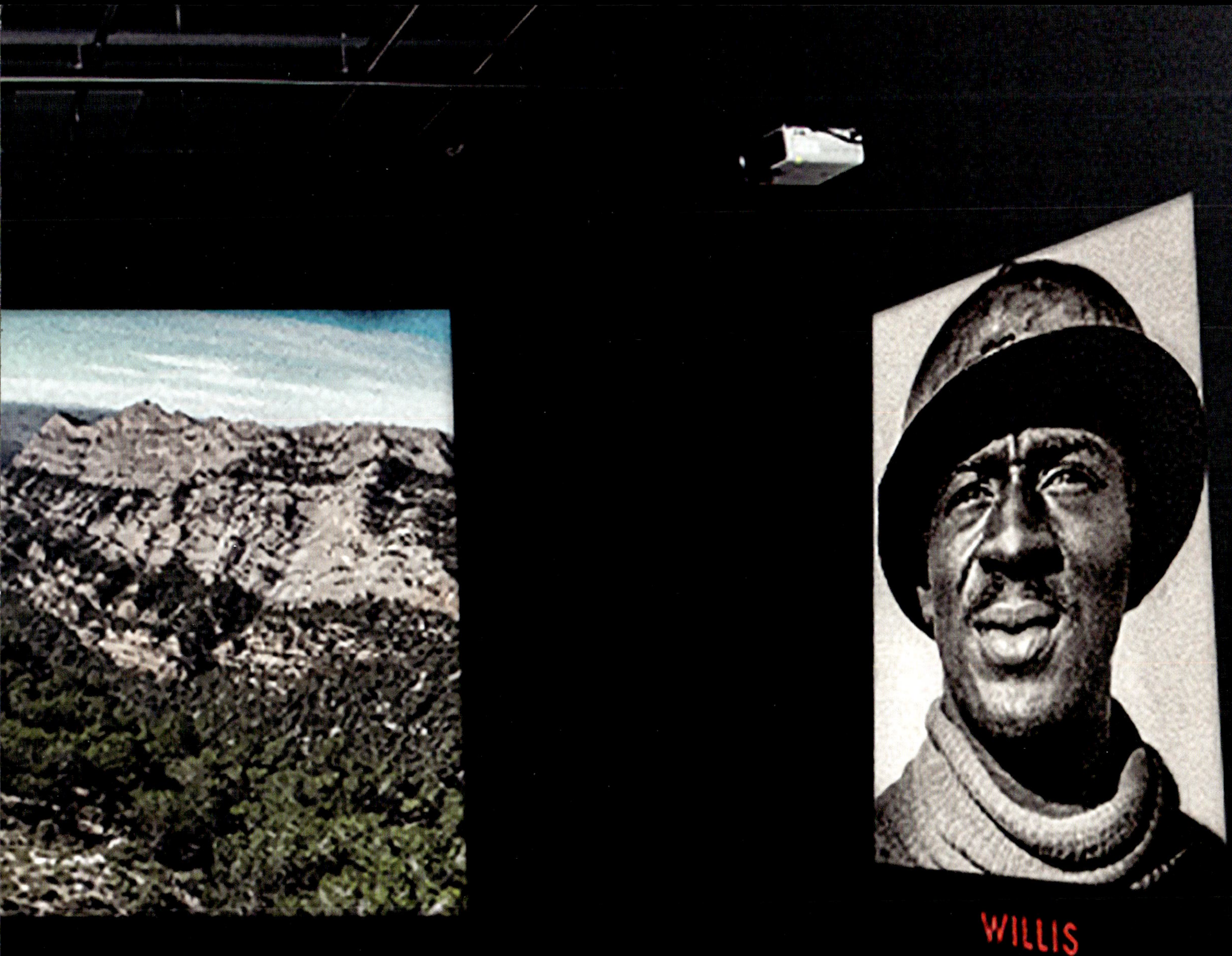
WILLIS

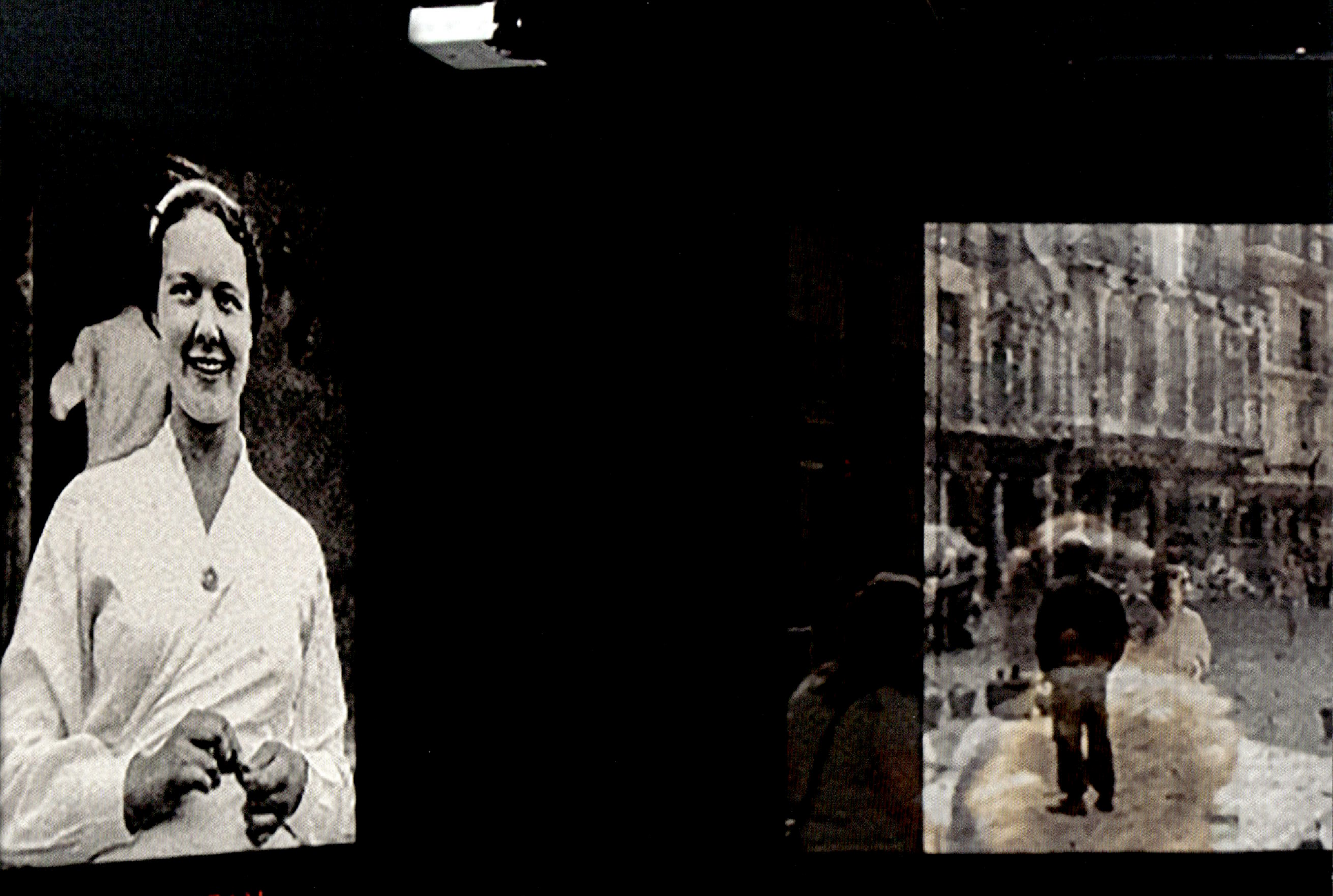

ARMSTAN

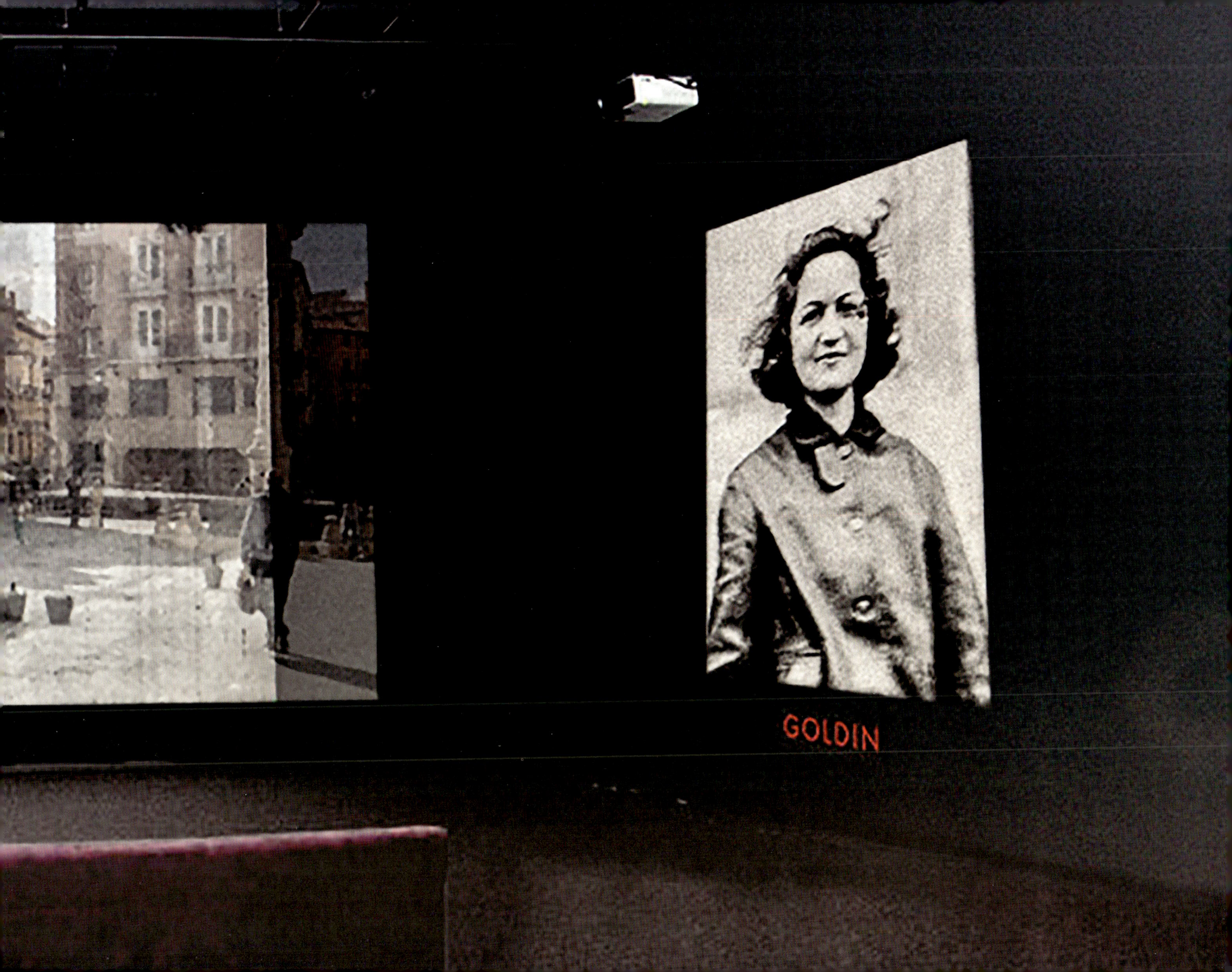
GOLDIN

Previous pages
Installation views at
Davis Museum, Wellesley College, Wellesley, Massachusetts

Installation view at
Museo de Teruel, Teruel

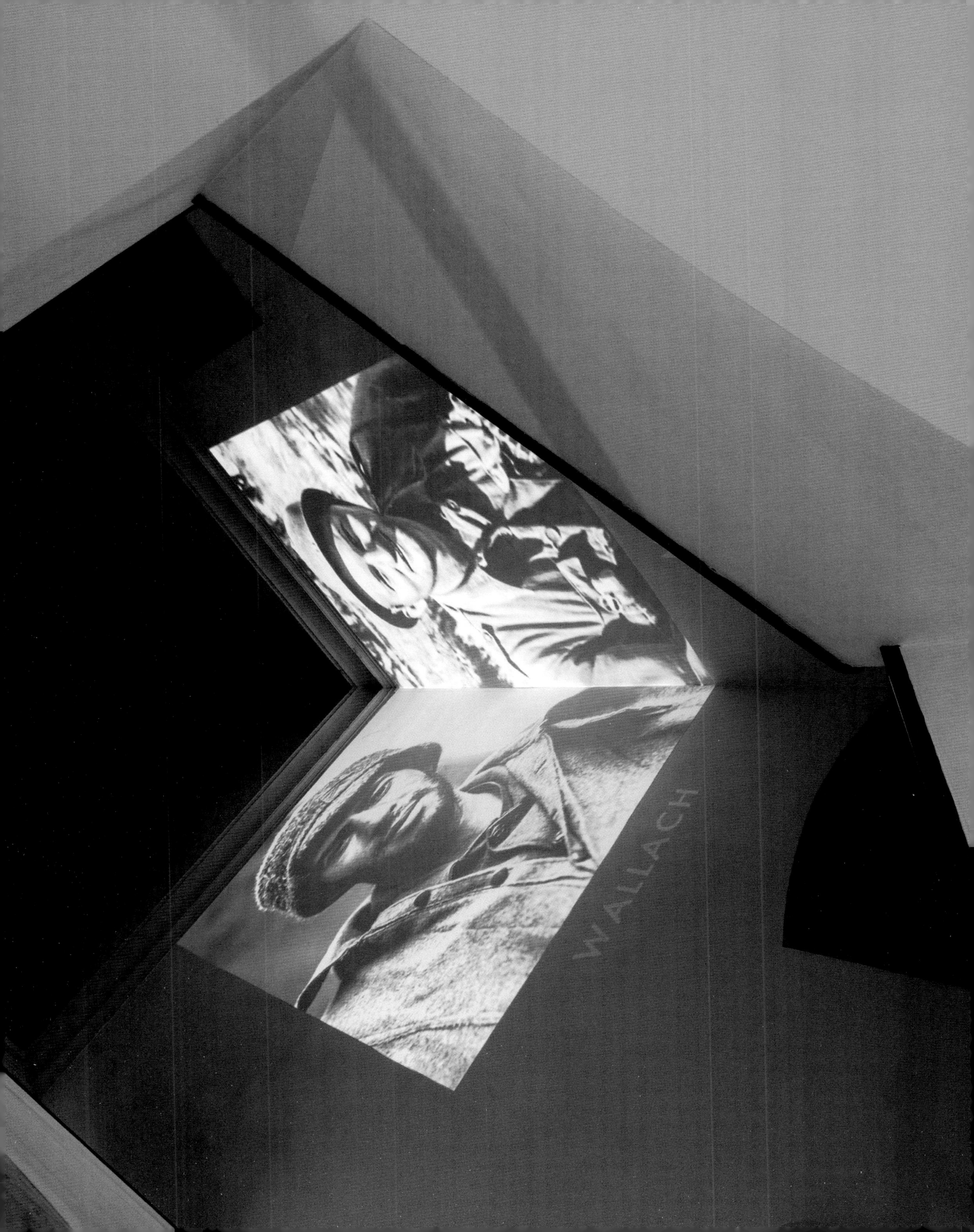
WALLACH

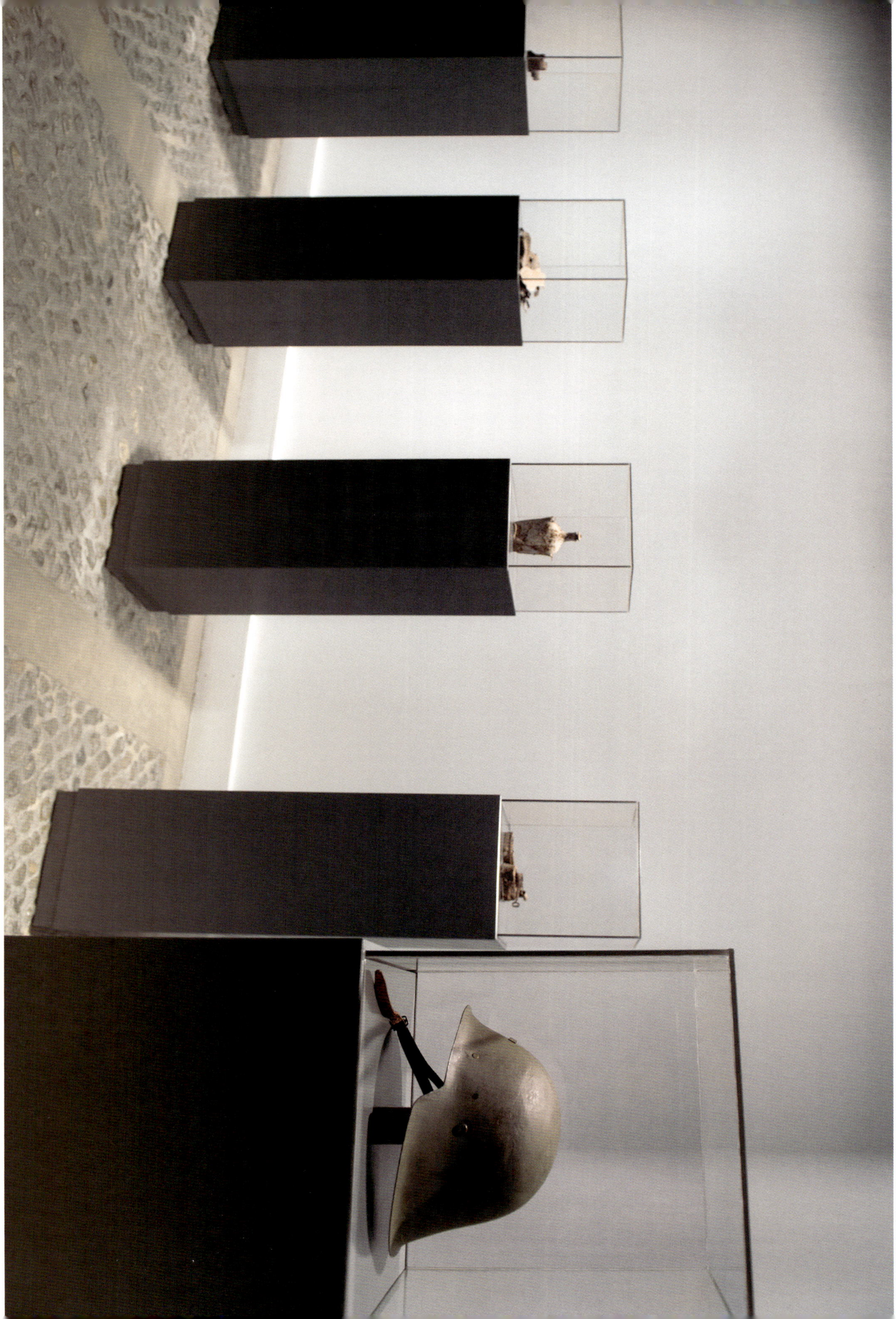

Francesc Torres

What Does History Know of Nail-biting?

The title of the project of which this book is a part is taken from the novel *Darkness at Noon* by Arthur Koestler and sums up the implacable indifference of History, in the Hegelian sense of the term, to the human being in his or her naked individuality. History is a priori amoral, a living organism devoid of consciousness. Pity is not part of history; there is only the totalitarian nature of the event: things happen as they happen, end up as they end up, and, caught up in the tsunami, one lives or dies, is remembered or forgotten, and in the general concert of the facts, it doesn't matter much if it's one way or the other. Or does it?

During the Spanish Civil War a contingent of about 3,500 Americans, mostly men though there were a few women, joined the International Brigades of left volunteers organized by the Comintern to fight in defense of the legal government of Republican Spain against the fascist coup supported by Hitler and Mussolini. The North American unit, known by the name of the Abraham Lincoln Brigade, was a battalion of the famous XV Mixed Brigade of the Republican Army. Half of them did not return to their country.

Harry Randall was one of those who made it home. He was the Brigade's photographer and cameraman, and his work is the basis of the project, presented here in editorial format as an artist's book. The project as a whole comprises a multimedia installation, a single-channel video and this publication. The primary material consists of 45 minutes of 16mm film shot over a period of two years (1937-1938), now kept in the archives of the Abraham Lincoln Brigade (ALBA) deposited at the Tamiment Library at New York University (NYU) in New York. Until now, almost no one has seen this material in its entirety.

The film compilation does not in itself have a progressive narrative line. It does in so far as the component blocks of documentary material are concerned. It begins with a train journey which may be from Albacete to the front in the Central zone, continues with images of Ambite, Guadalajara, goes on to Teruel and ends in the valley of the Ebro, interspersed all the while with jumps in chronology and from season to season. A few of the people in the footage are well-known (Ernest Hemingway, Martha Gellhorn, Robert Hale Merriman, Germina Galleani, General Walter, Lieutenant Colonel Vladimir Ćopić, commander of the XV Brigade, and one or two more), but the rest, the vast majority, are not. Instead these are anonymous fighters in an exotic war. The film includes the only moving images of Robert Hale Merriman, a brilliant Berkeley economist and one of the nine commanders the brigade had in the course of its operational life, who was killed during the Republican retreat from the Ebro Front in 1938. The original footage has no sound.

In the absence of a better theory and until I am proven wrong, I propose that the footage used (originally from Harry Randall's personal archives, before being deposited in ALBA) is rejected material shot for a propaganda film that was lost or never completed. This would explain its random nature and the fact that Randall was able to keep it and take it back with him to the United States. However, this is no more than a plausible but speculative theory for which I have found no documentary evidence (Randall died a few years ago). In both the installation and the single-channel video of the project that accompanies the book the film footage is shown without altering the randomness of its narrative – something like displaying the contents of an archaeological discovery without interfering in it, before investigating and decrypting it. As a result, the images do not explain anything but themselves, as images that can be read alongside the remnants of a story that can only be pieced together in the light of some prior knowledge of the historical event to which they refer – a hazardous undertaking in the case of what is still a controversial episode in the Spanish, European and American history of the twentieth century. The only added resource is material filmed by this writer at the three main locations that appear in Randall's original footage: Ambite, Teruel and the Ebro valley. This contemporary material provides a contextual counterpoint to the original footage, and anchors it in the present. Curiously, the original images show no actual combat; the closest they come to this is, at the end, a shot of a column setting off for the front line, the men almost in rags and with no more equipment than their rifles. Knowing that very many did not return makes this one of the most emotional scenes in the film. Almost all of the rest shows what happens when nothing is happening, which is the context that the combatants inhabit in wartime. The time is spent waiting until suddenly the world becomes a living hell for a relatively short but experientially very intense time.

The formidable evocative power of these images is largely due to the absence of narrative order, despite being in their own right an exact chronicle of a historical-political event that is paradigmatic of its century, though they do not 'explain' it. The power and the beauty of these decanted images lie in the fact that they represent an objective account of something that took place some eighty years ago, at a critical moment in the history of the last century, but, like the information contained in an obsolete computer program, what appears on screen is a fractal representation, a metaphor for the inherent fragility of the historical narrative and of memory too.

The installation consists of three synchronized video projections. The central projection shows the original material counterpointed by contemporary footage. The other two channels screen a sequence of portraits of International Brigade volunteers. Both of these lateral projections contain the same portraits, but the order of the sequence is reversed, so that they only coincide once, halfway through the sequence. The portrait that appears synchronously on both side projections is that of an African-American combatant, Samuel Willis, who was killed in battle. There were about a hundred Black soldiers, some of them very young, many of whom had considered going to Ethiopia to fight against the Italian invasion, but that war ended before they could organize themselves and they then decided to go to Spain ('This ain't Ethiopia but it'll do' was their most famous phrase). The soundtrack is a collage of pieces by the American avant-garde composer – and also a veteran of the Lincoln Brigade – Conlon Nancarrow, whose music, especially the études for player piano, is world famous. Nancarrow died in Mexico in the nineteen eighties.

I think this piece works on two levels; on the one hand, as an archeology of the Spanish Civil War, understood as the first engagement of World War II. The presence of US citizens in Spain, and the sequential nature of the two conflicts taken as a whole (the war in Spain ended on April 1, 1939, and World War II began on September 1 the same year with the same ideological protagonists), places the work in the context of the history of the United States and Spain in the twentieth century. At the same time, the work unfolds as a meditation on the fragility intrinsic to the processes of conservation of historical events, particularly those relegated to the margins of the dominant Grand Narrative, where they are liable to be the passive subjects of sometimes arbitrary shifts of fortune, accidents, losses, technological setbacks, the simple loss of information or the logical consequences of a time of chaos, not to mention the inevitable ensuing ideological and political manipulations. However, what emerges as incredibly mysterious and fascinating is the fact that these fractal sediments often contain so much visual strength and evocative power, as in the case of the material I have used. The idea of putting together a dossier of frozen images from the video at the center of the project was prompted by the desire to capture in the form of a still what the eye is incapable of perceiving in the moving image. While each still is separate and unique in terms of content and quality, they are homogenized in motion. They act individually as crucial moments of heightened consciousness, like something in a darkened room that is then illuminated with a powerful lamp, revealing its content while at the same time casting shadows that hide what they fall on. Every work of art acts as an accelerator of particles of consciousness whose collisions bring to light a non-evident truth. In short, this work reflects on historical sedimentation above and beyond the specific event; it is a commentary on the material, literal and metaphorical fragmentation that sleeps in silence beneath the politically conditioned and socially negotiated official narrative of history.

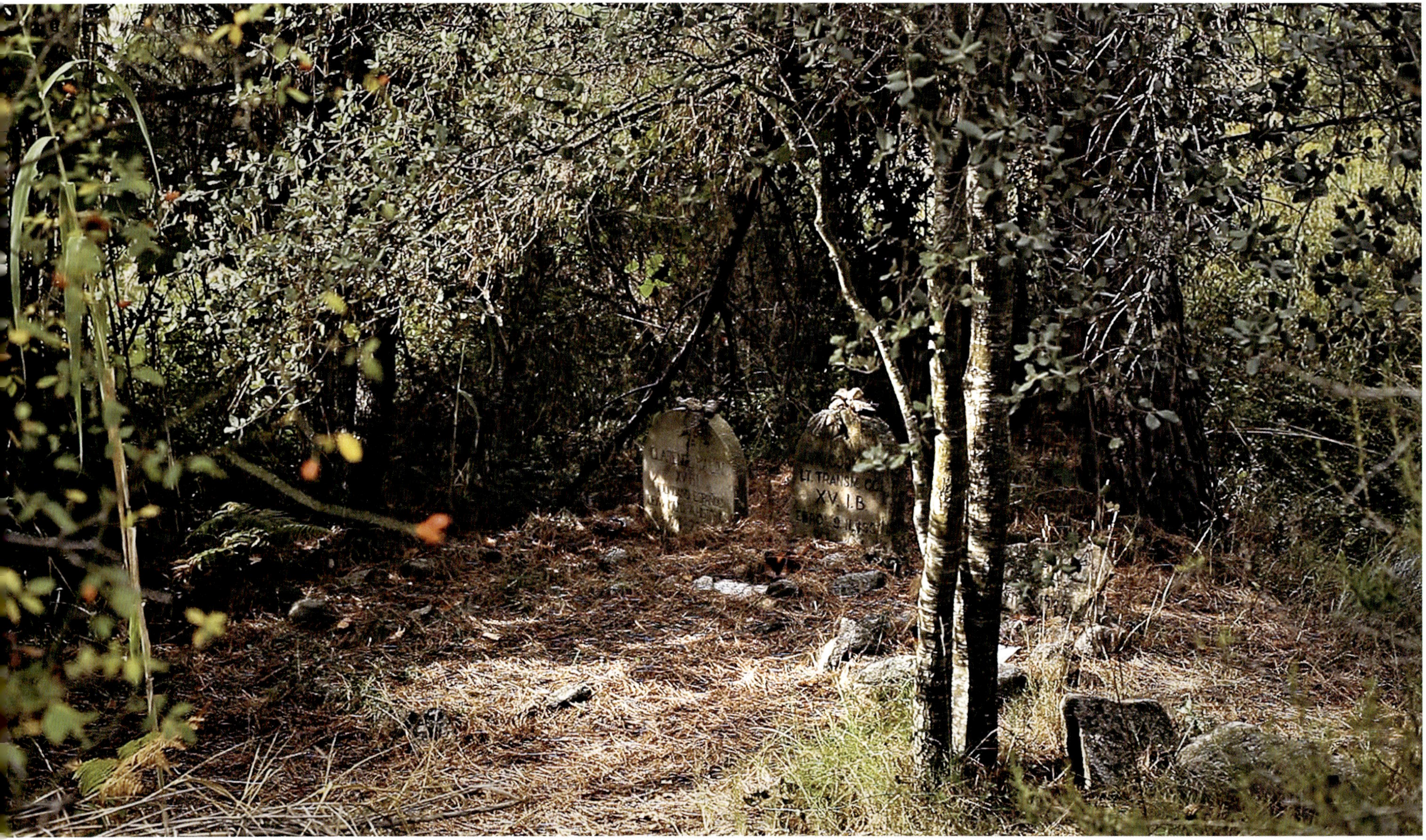

The grave of John Wilhelm Cookson (center), schoolmaster, born in Cobb, Wisconsin, in 1913, killed at Serra de Caballs on the Ebro front on September 12, 1939. He lies beside two comrades.

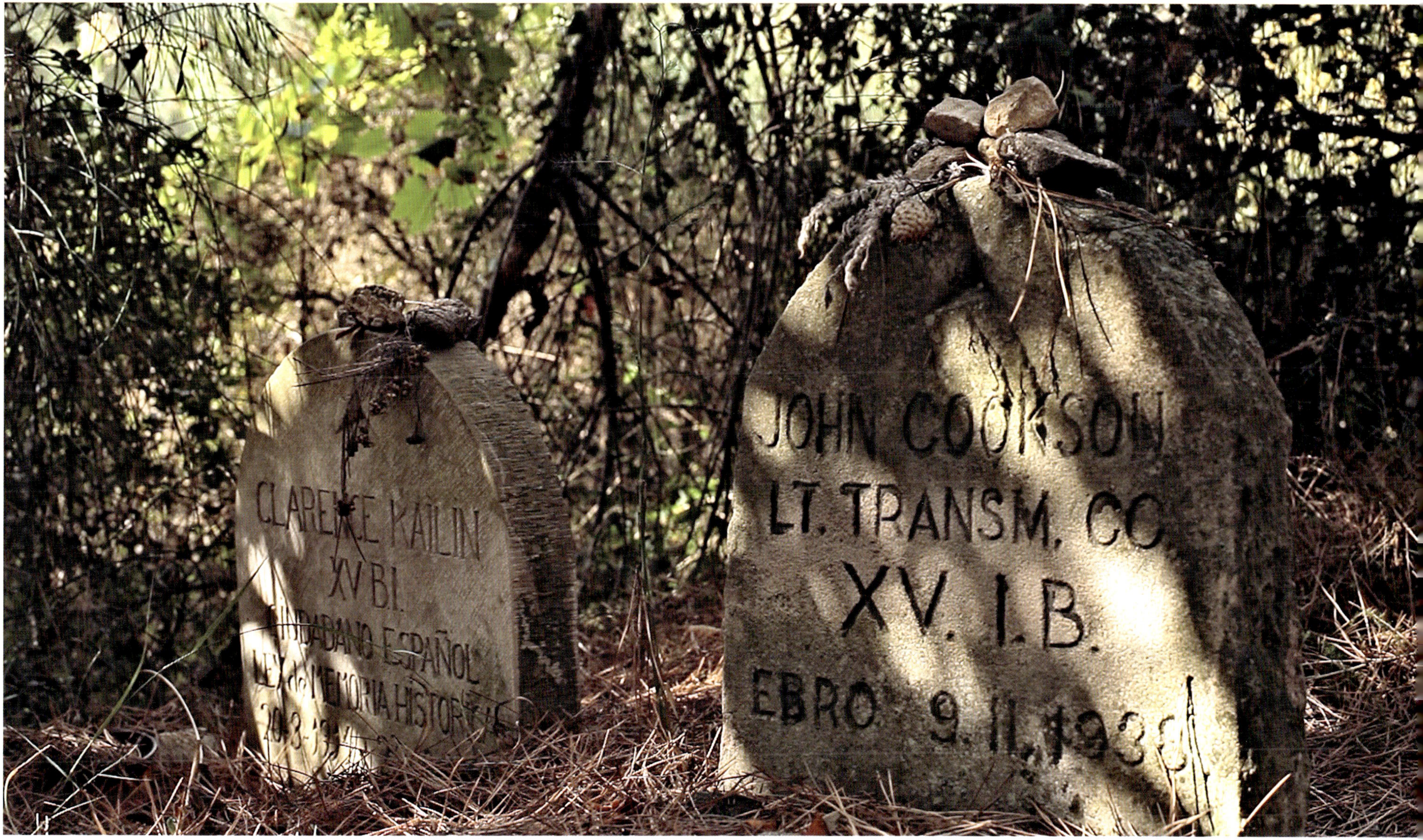
CLARENCE KAILIN
XV BI.
JOHN COOKSON
LT. TRANSM. CO
XV. I.B.
EBRO

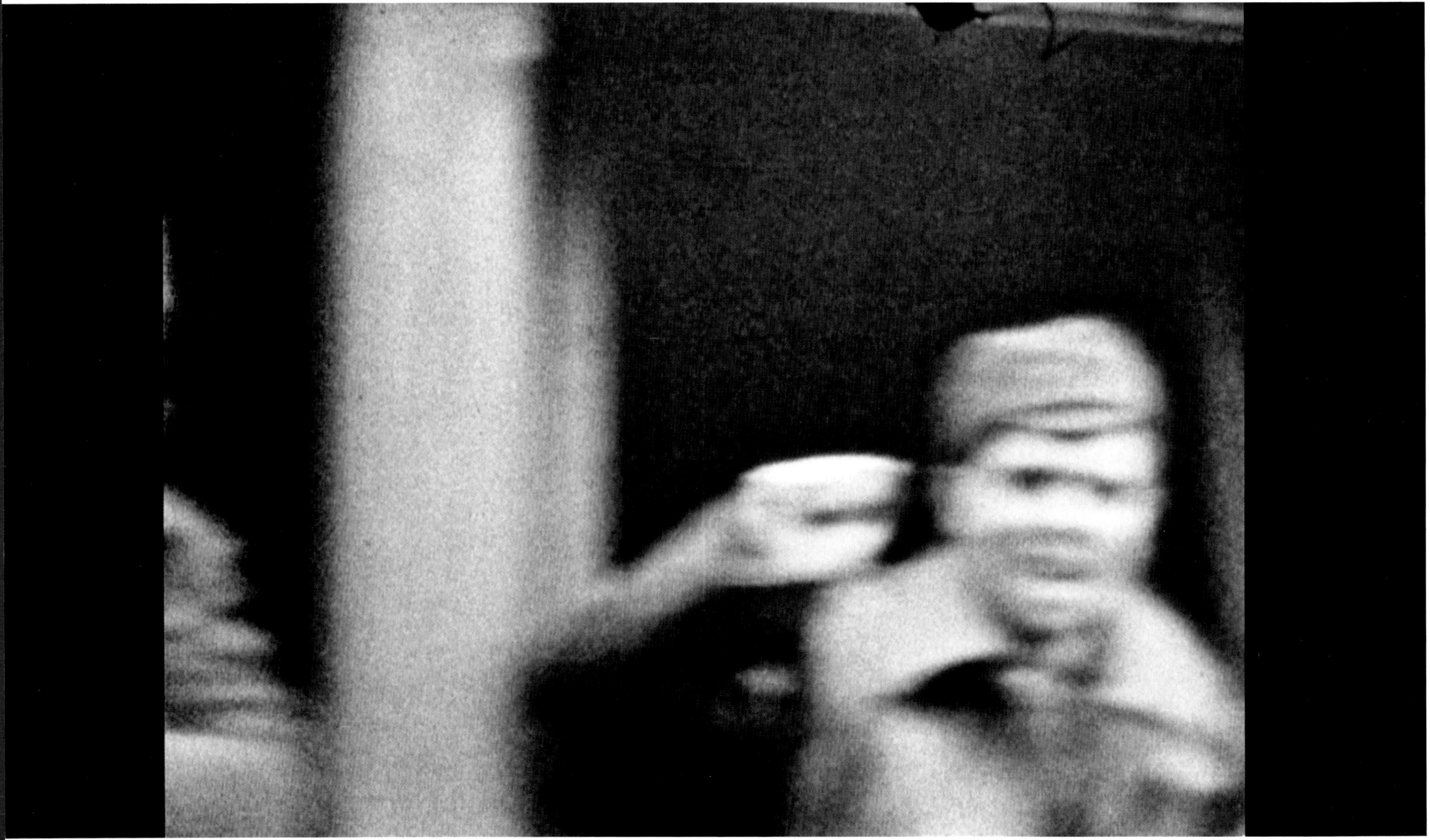

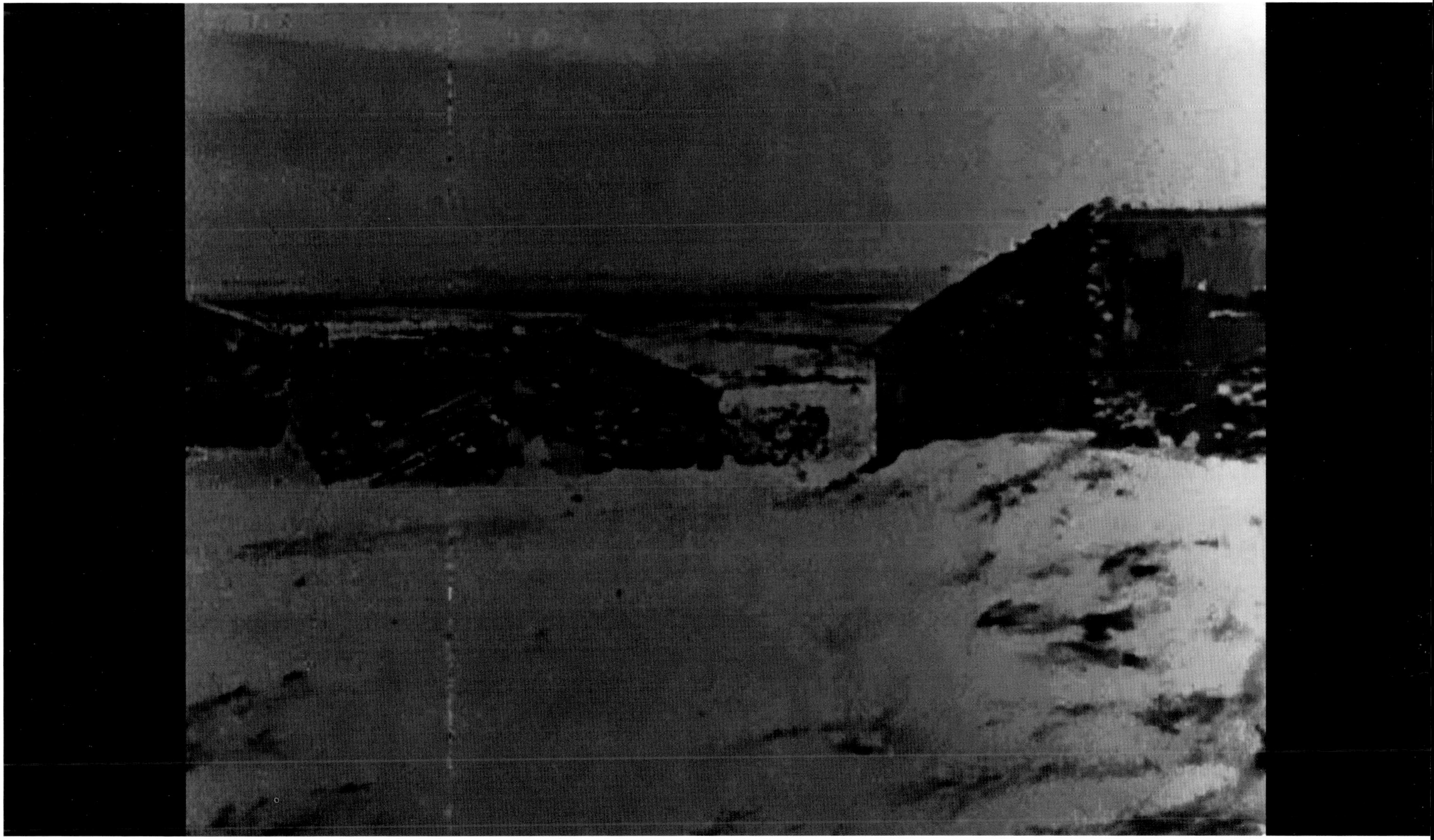

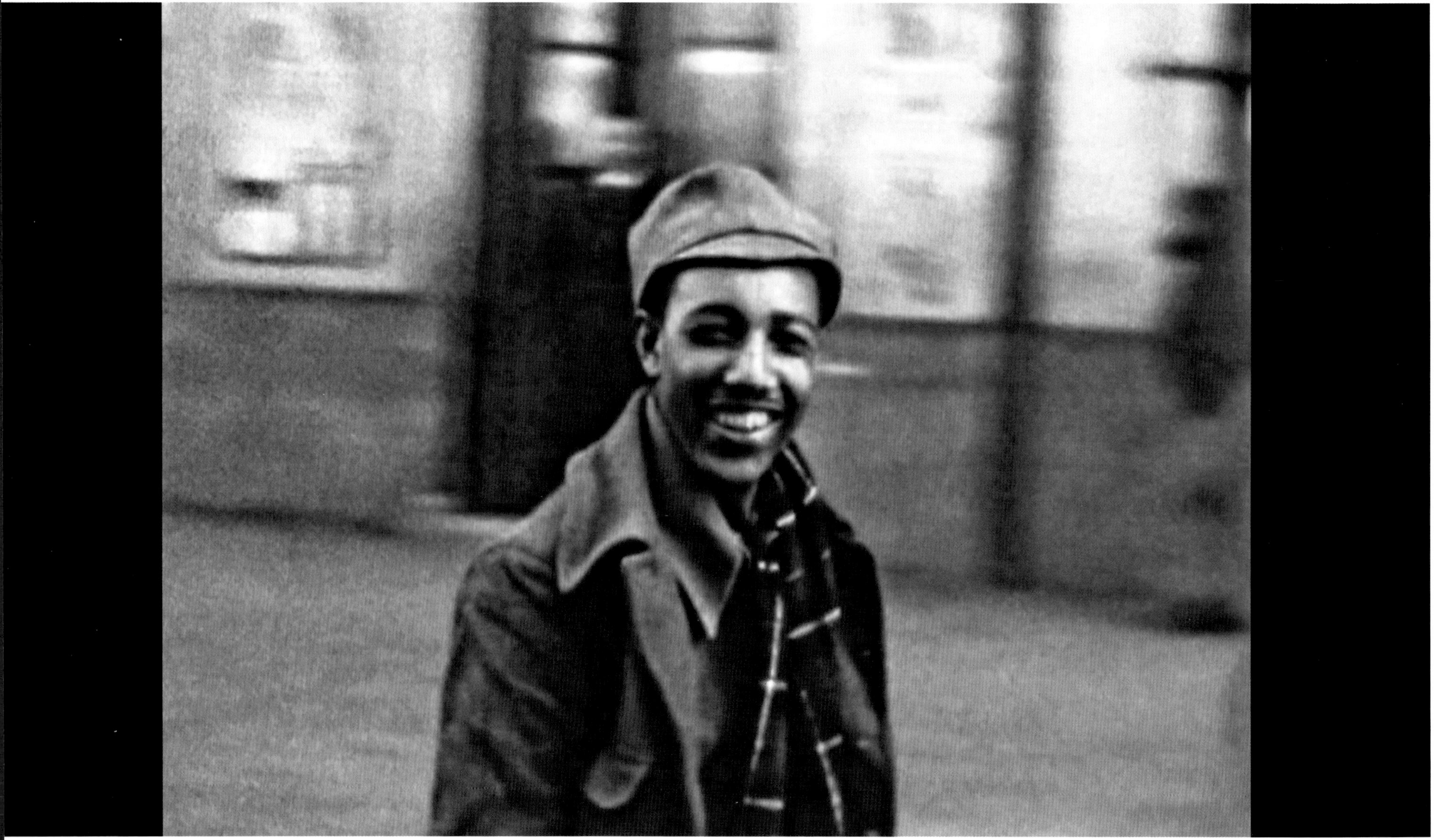

Bert Jackson in transit.

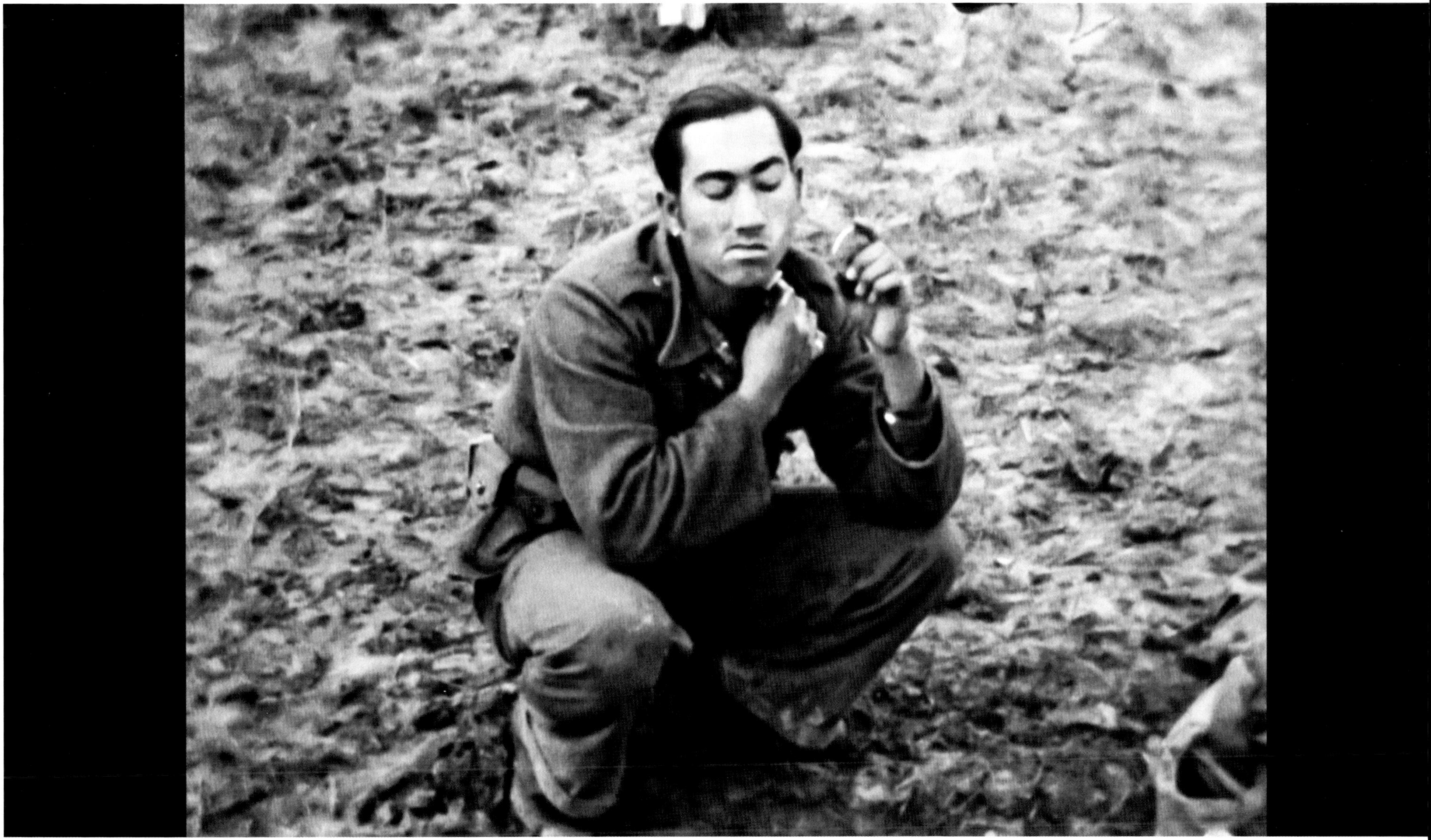

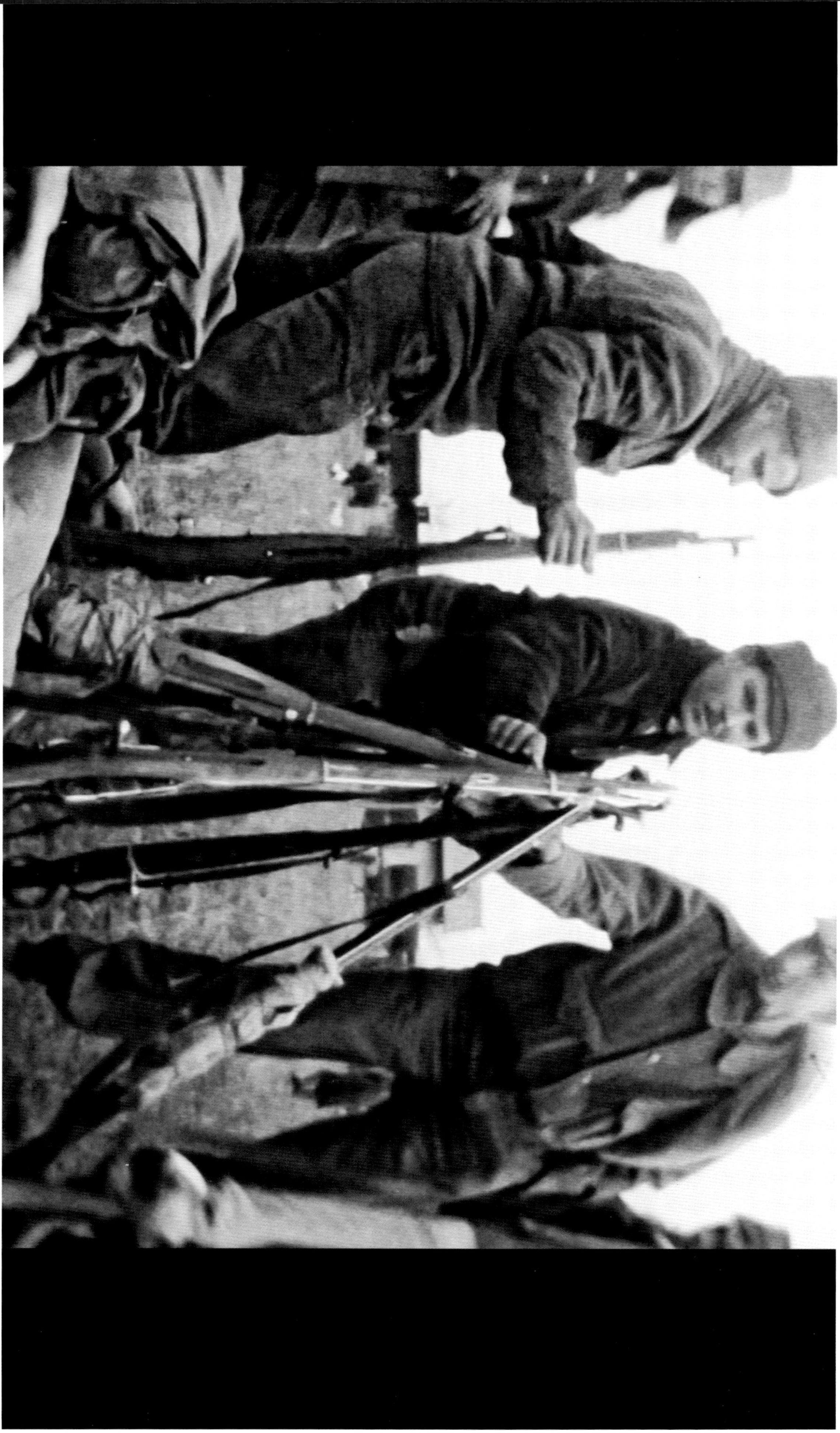

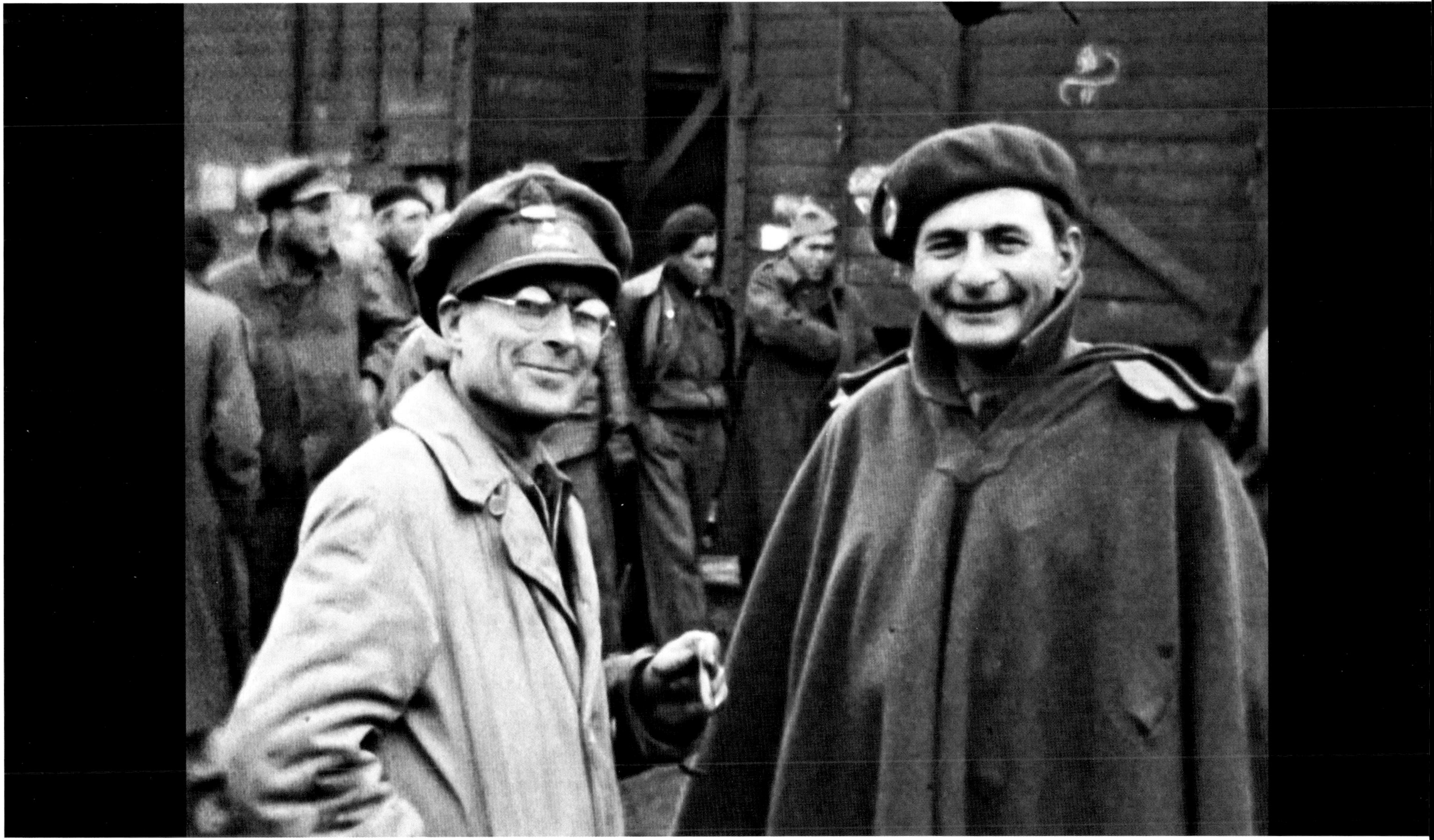

Patrick Read (l.) and Frank Barcena (r.), volunteers.

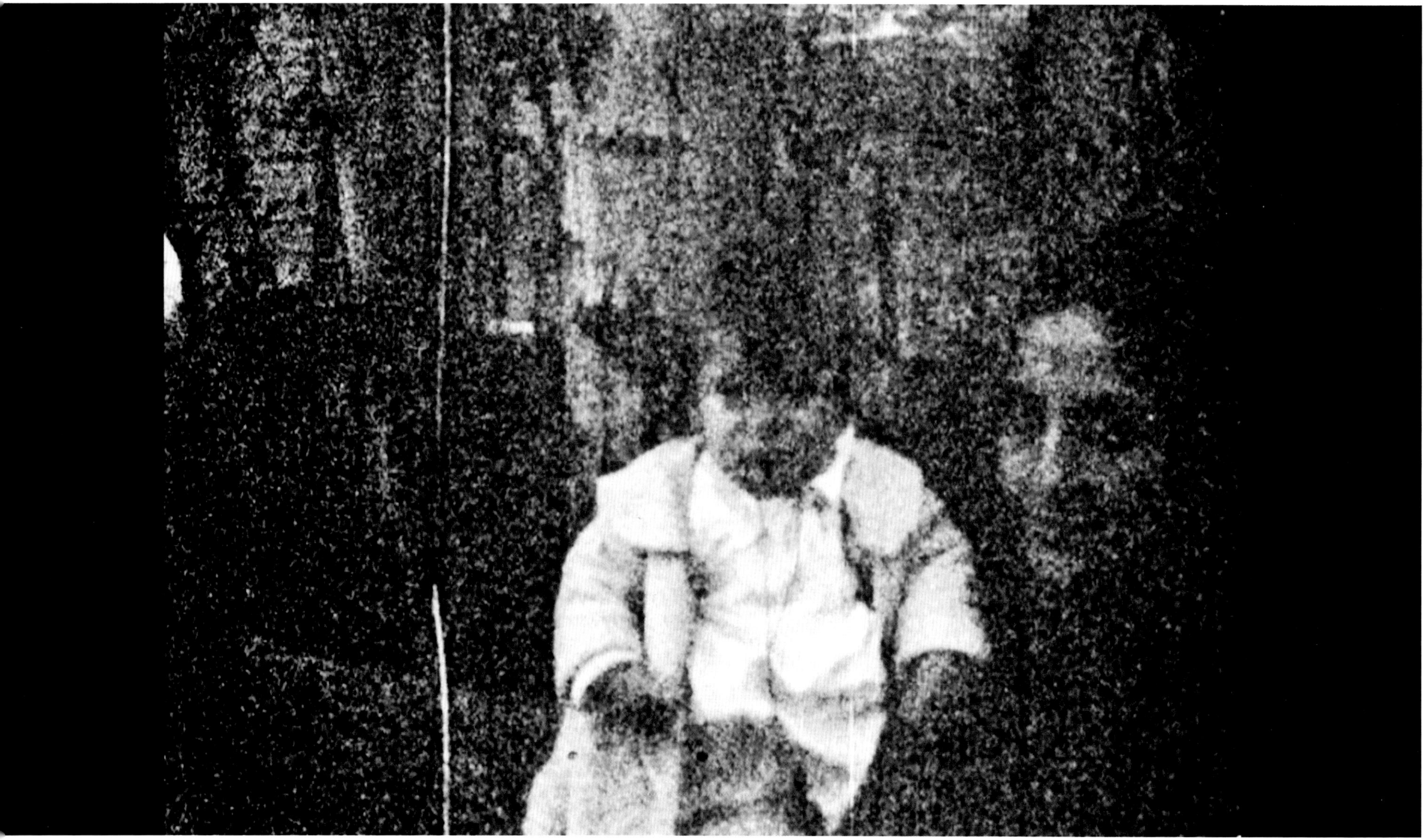

Between Albacete and the Central Zone.

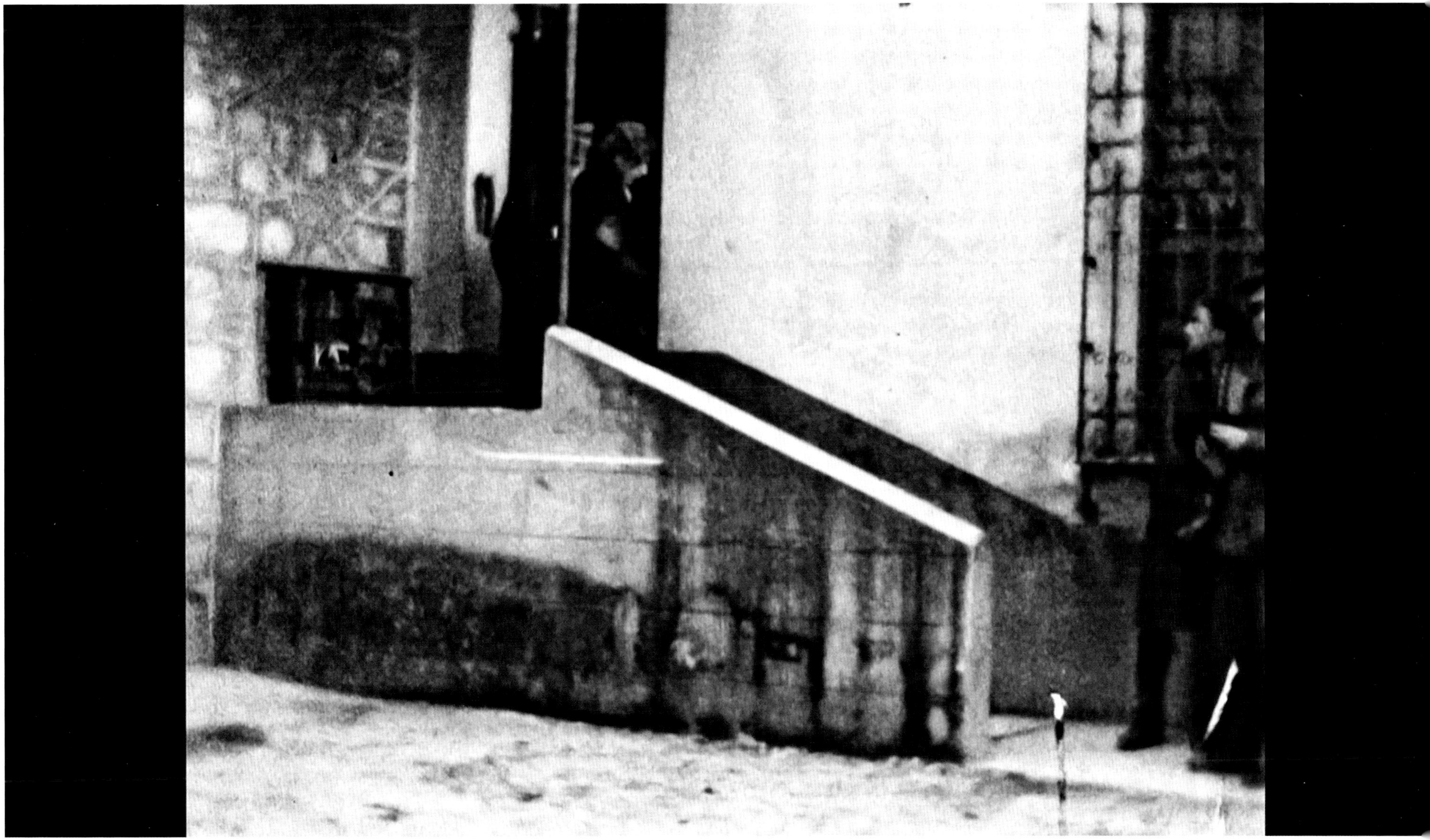

Martha Gellhorn coming down the stairs in Ambite, Guadalajara.

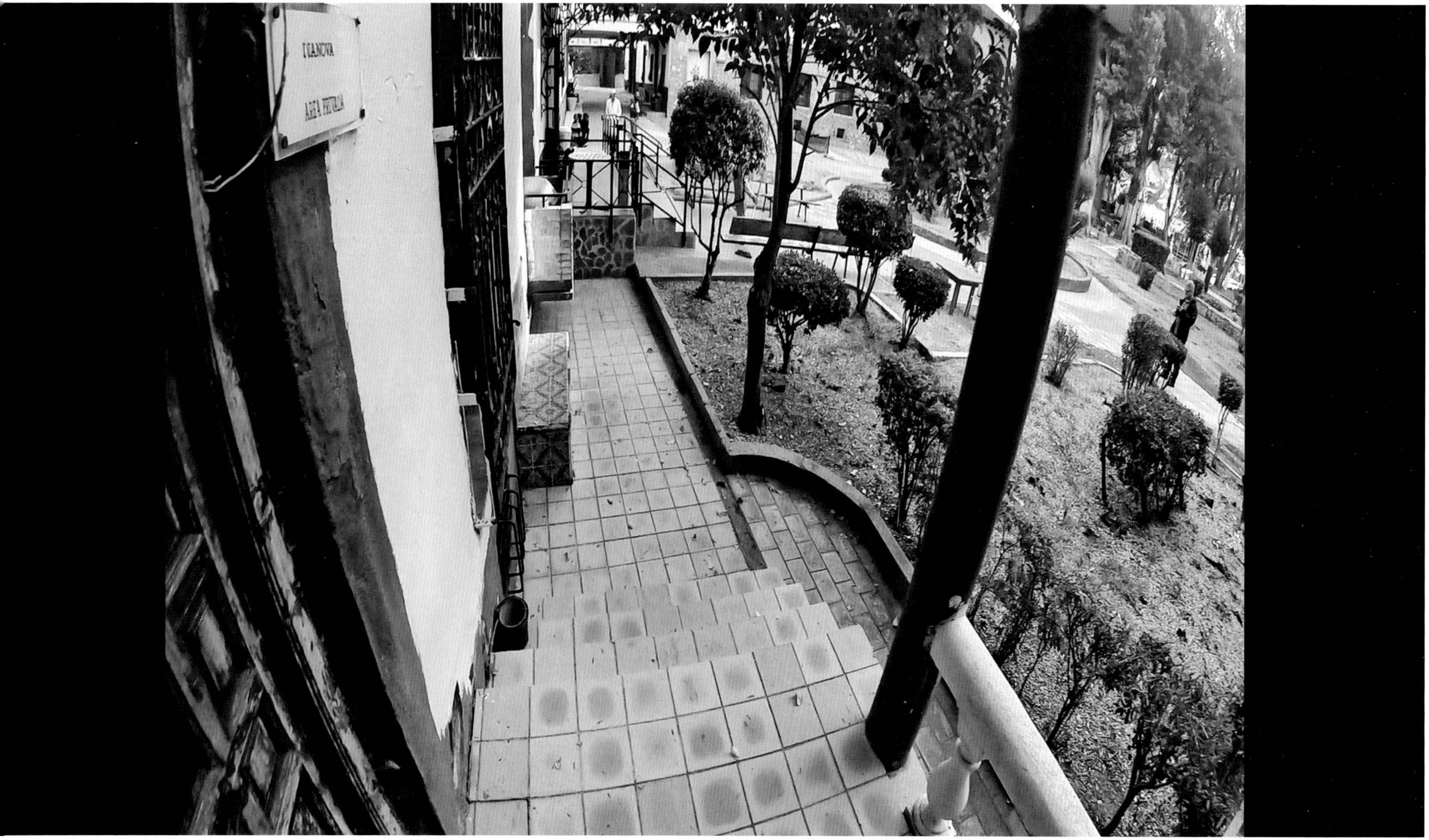

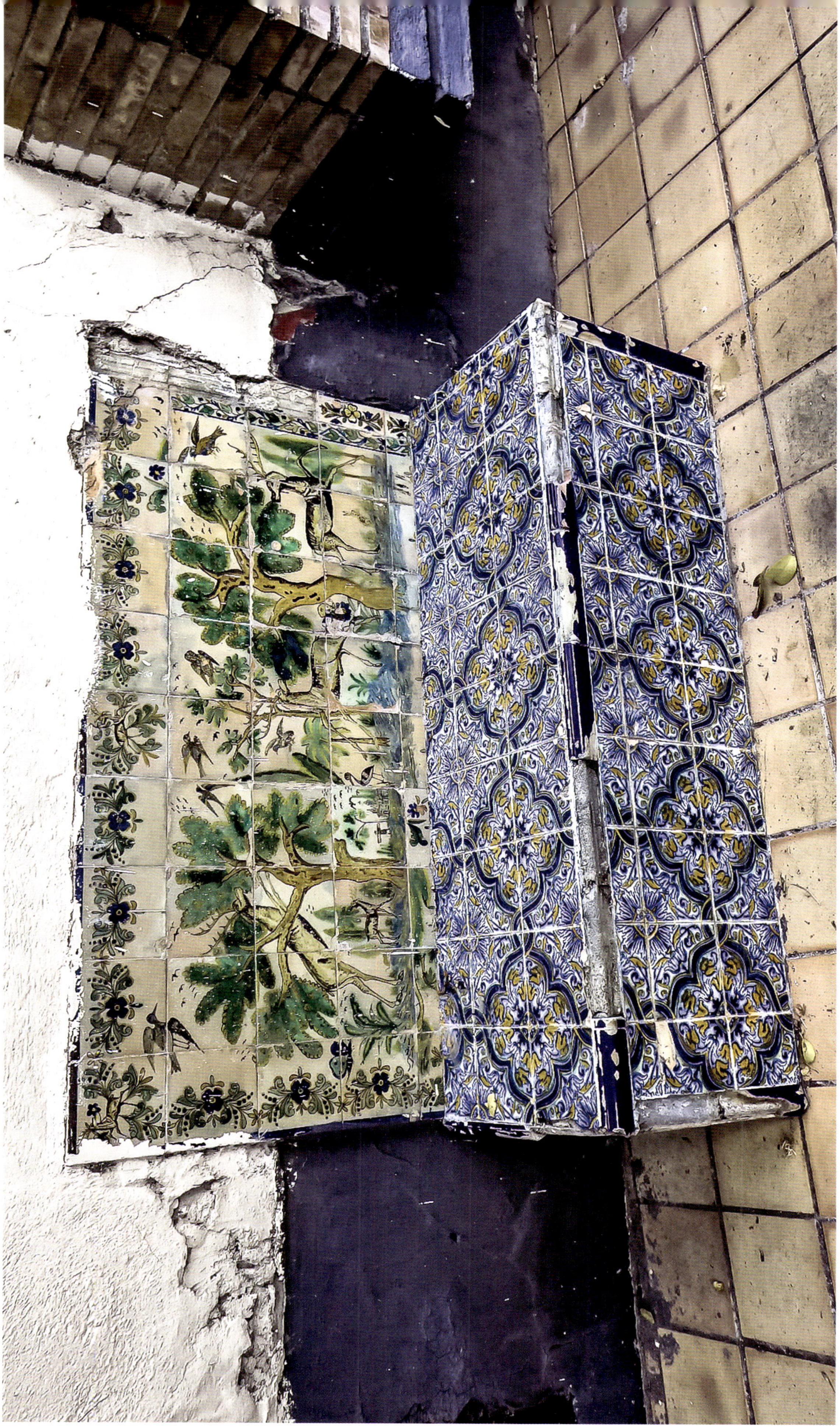

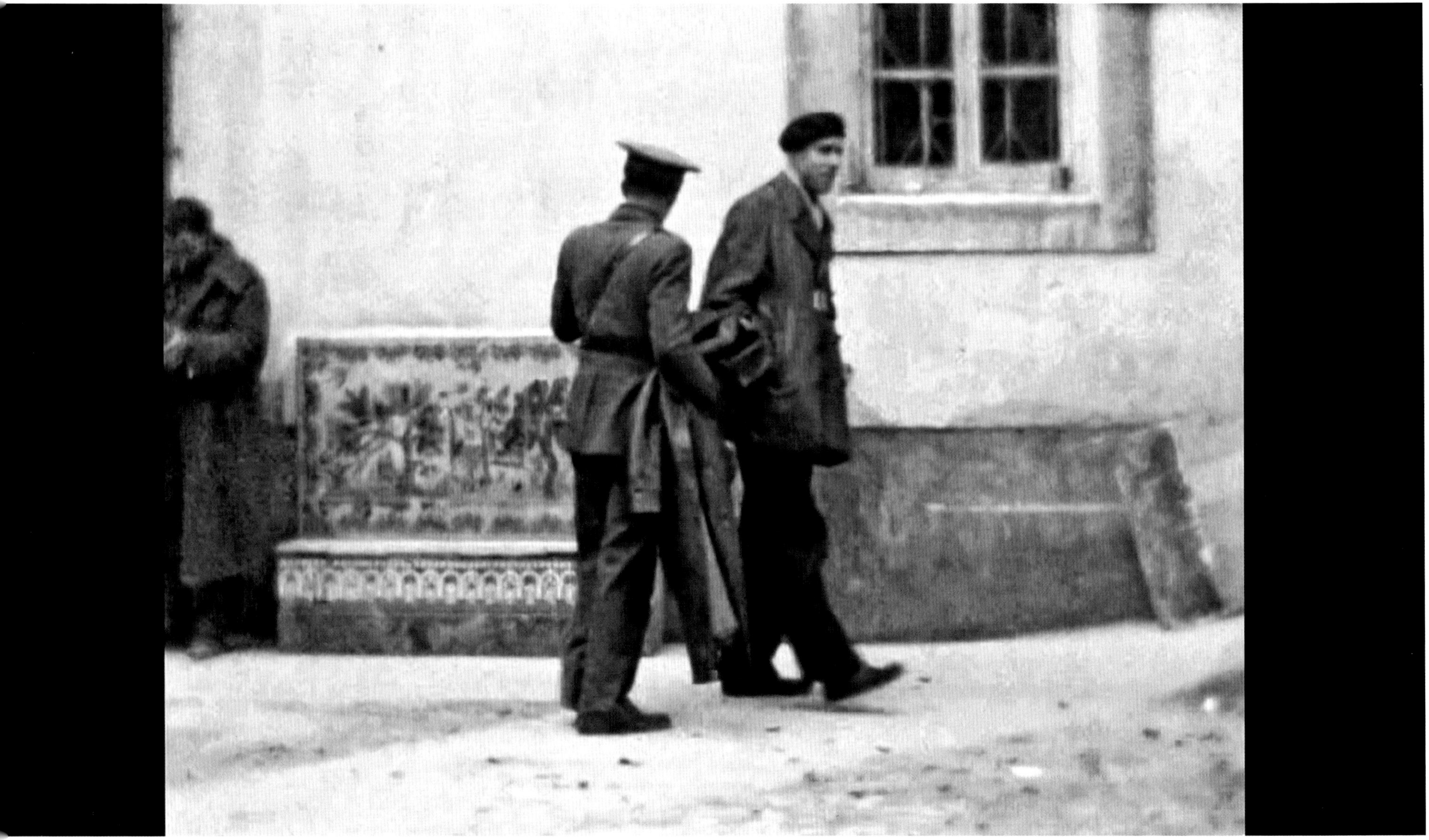

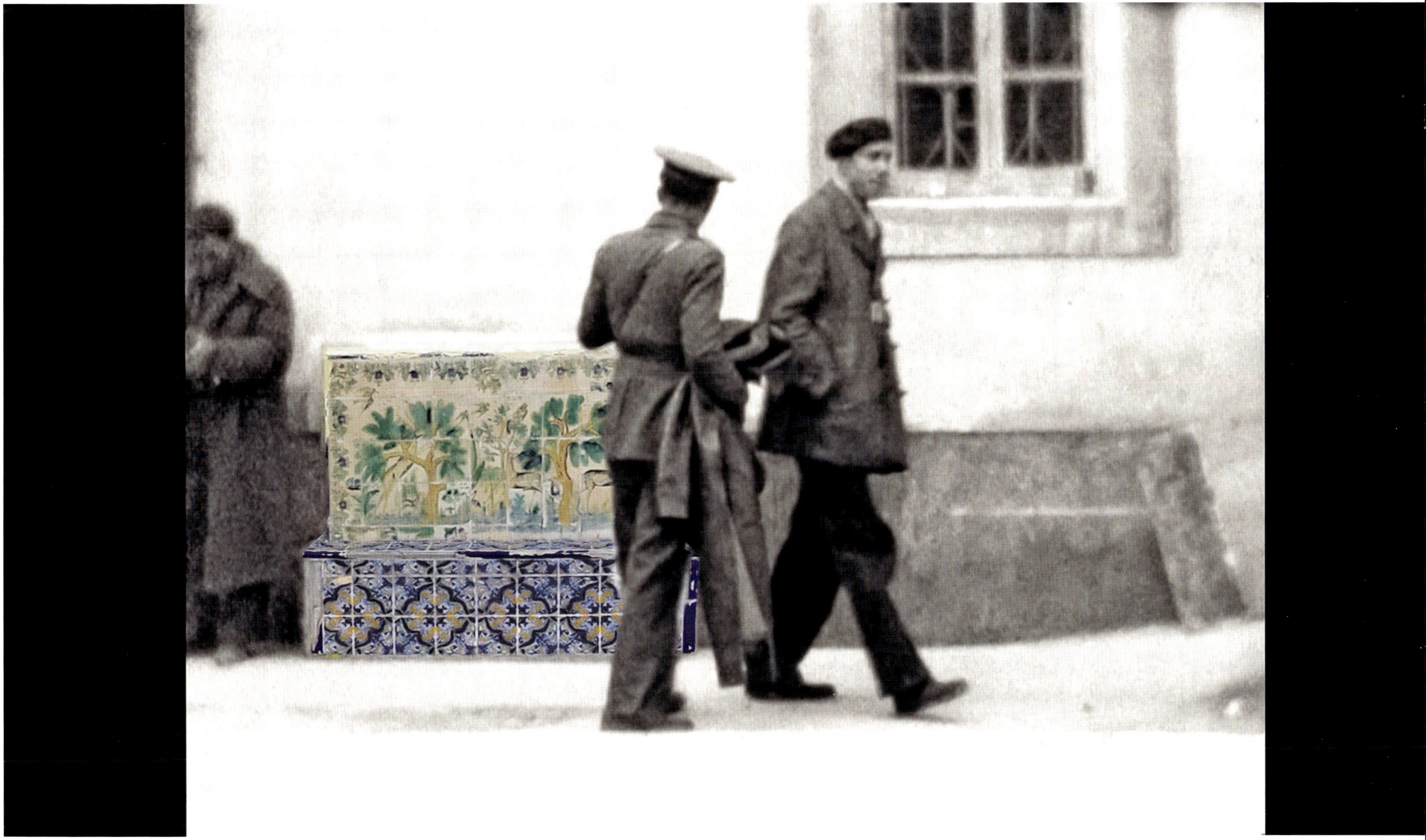

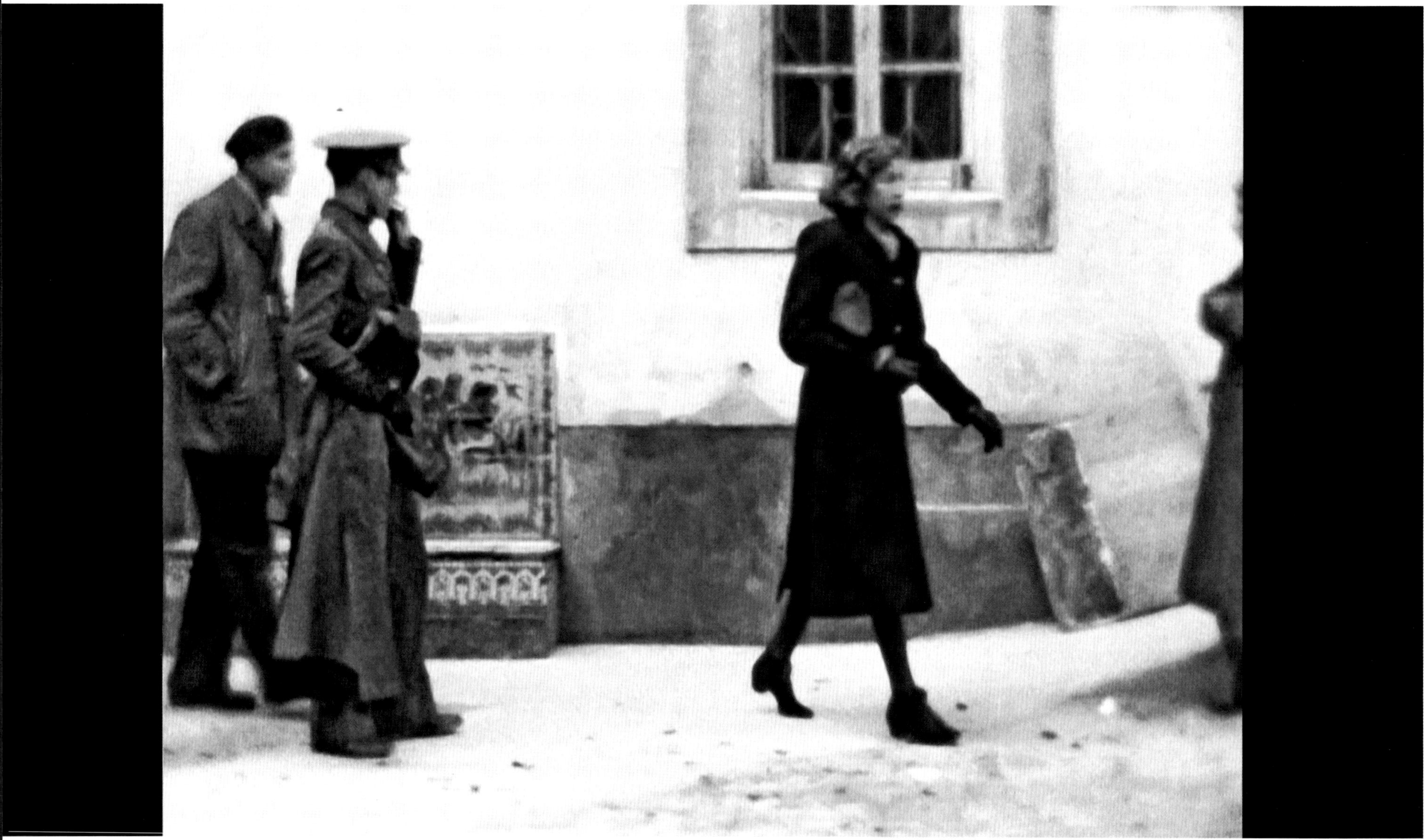

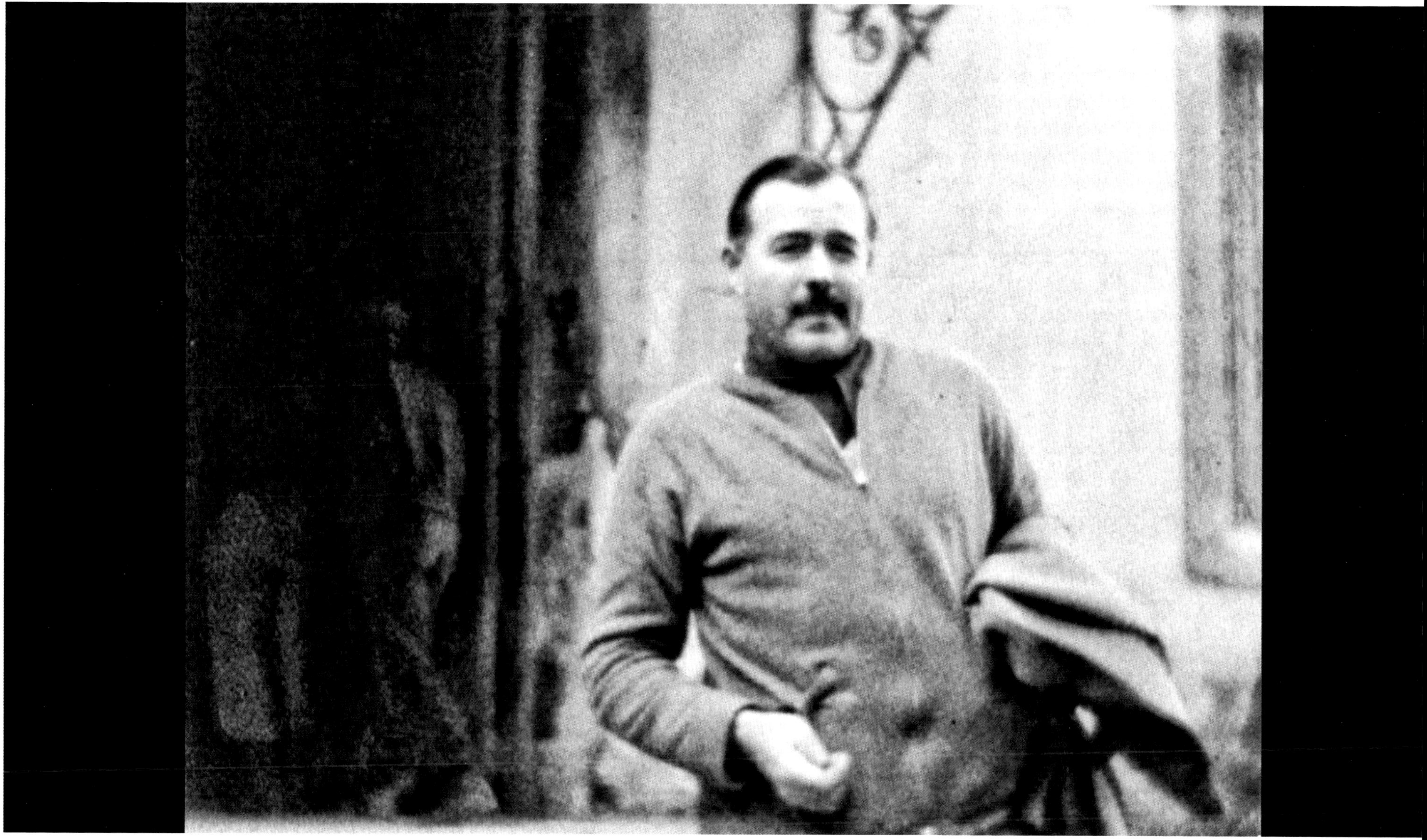

Ernie in Ambite, 1937.

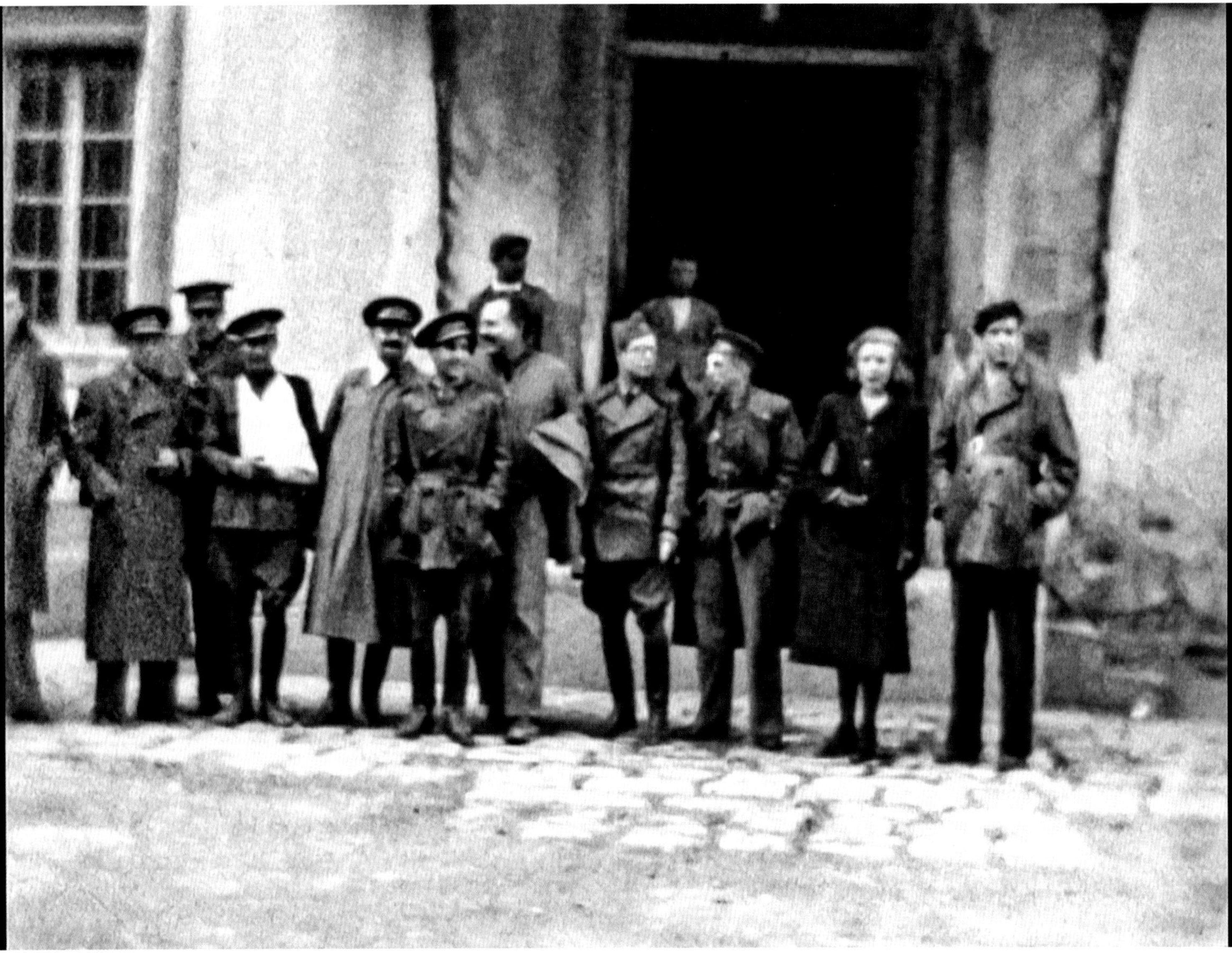

The photo of the day.

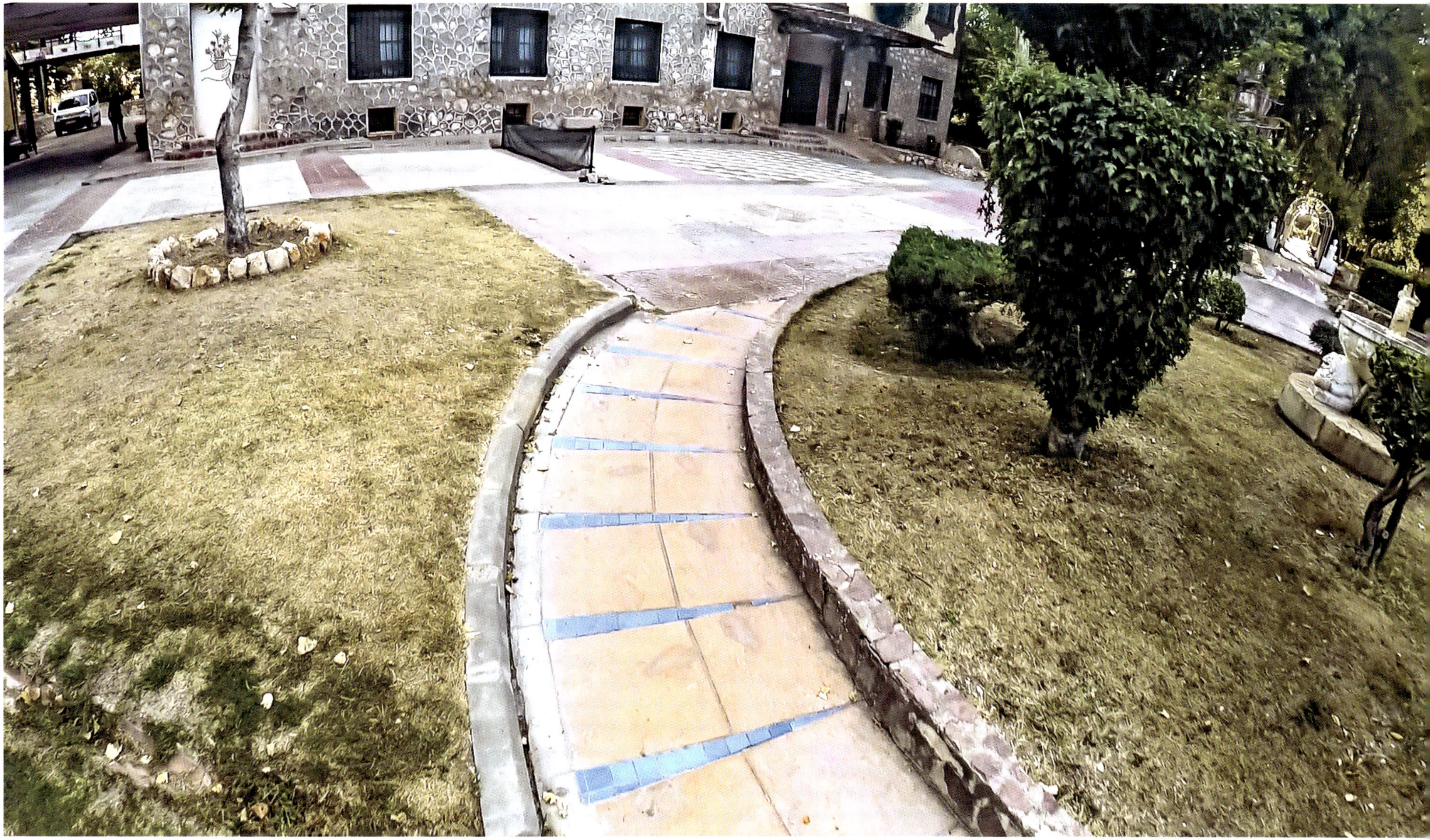

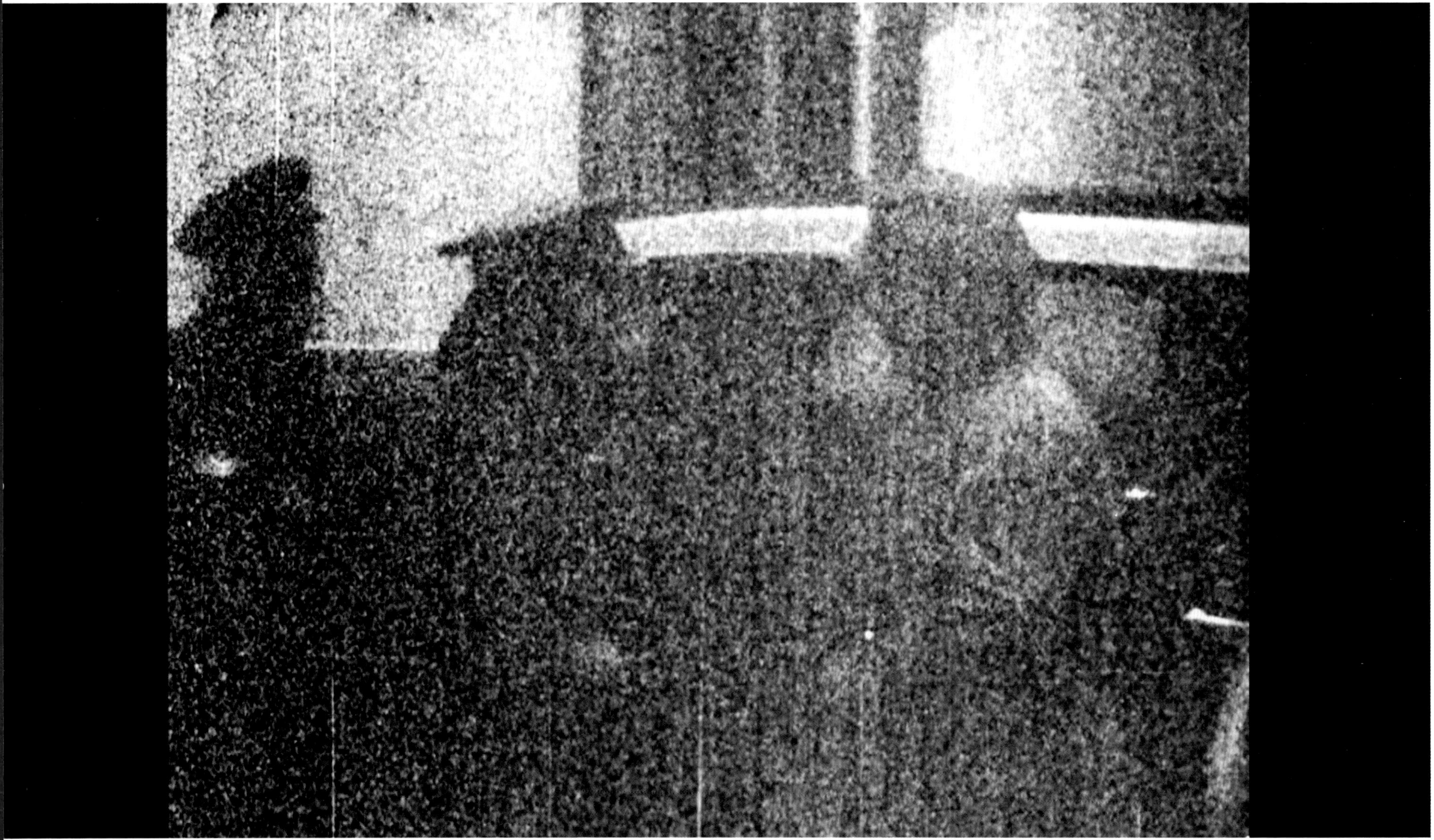

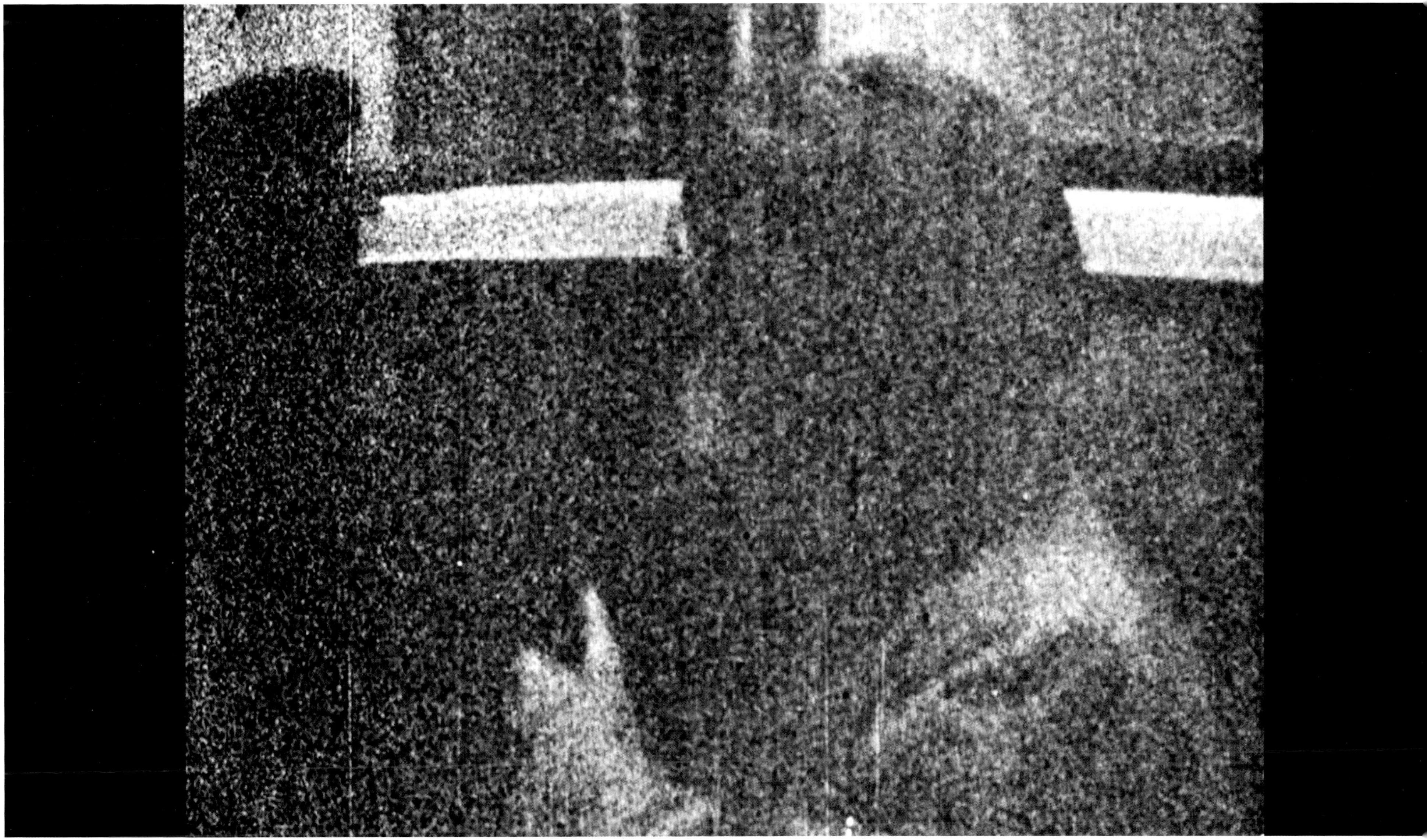

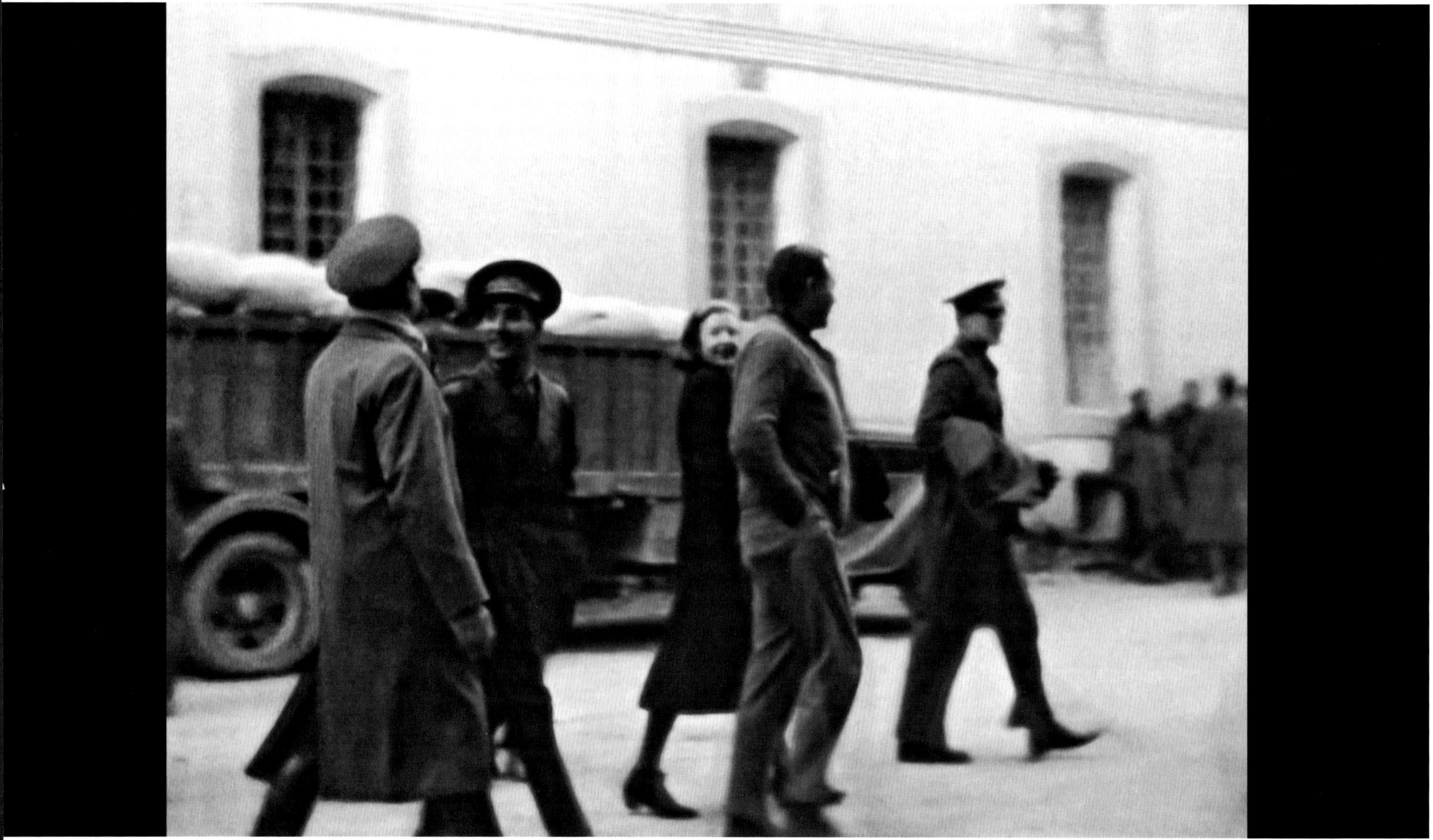

Time for Martha and Ernie to go back to Madrid.

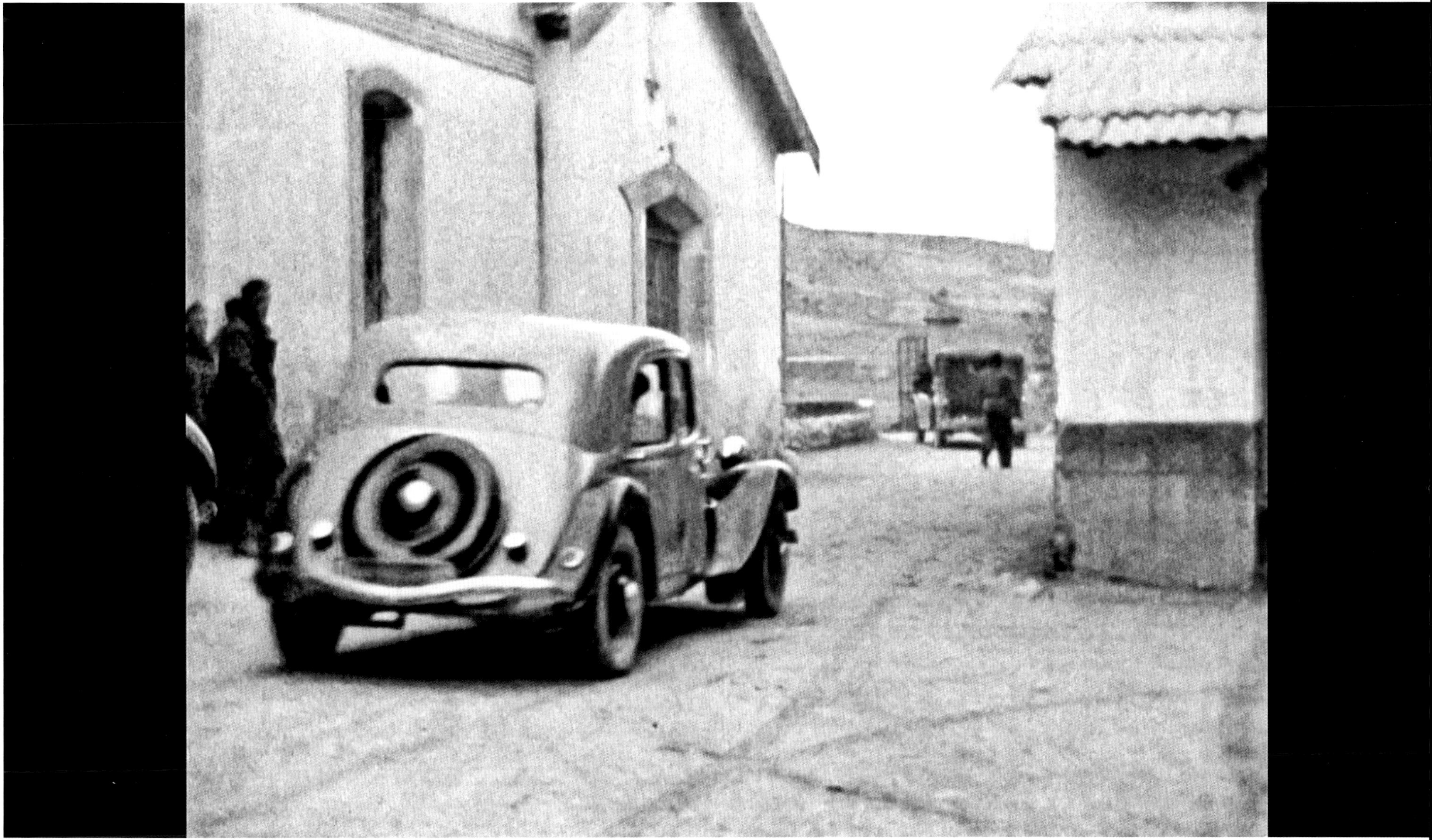

Farewell.

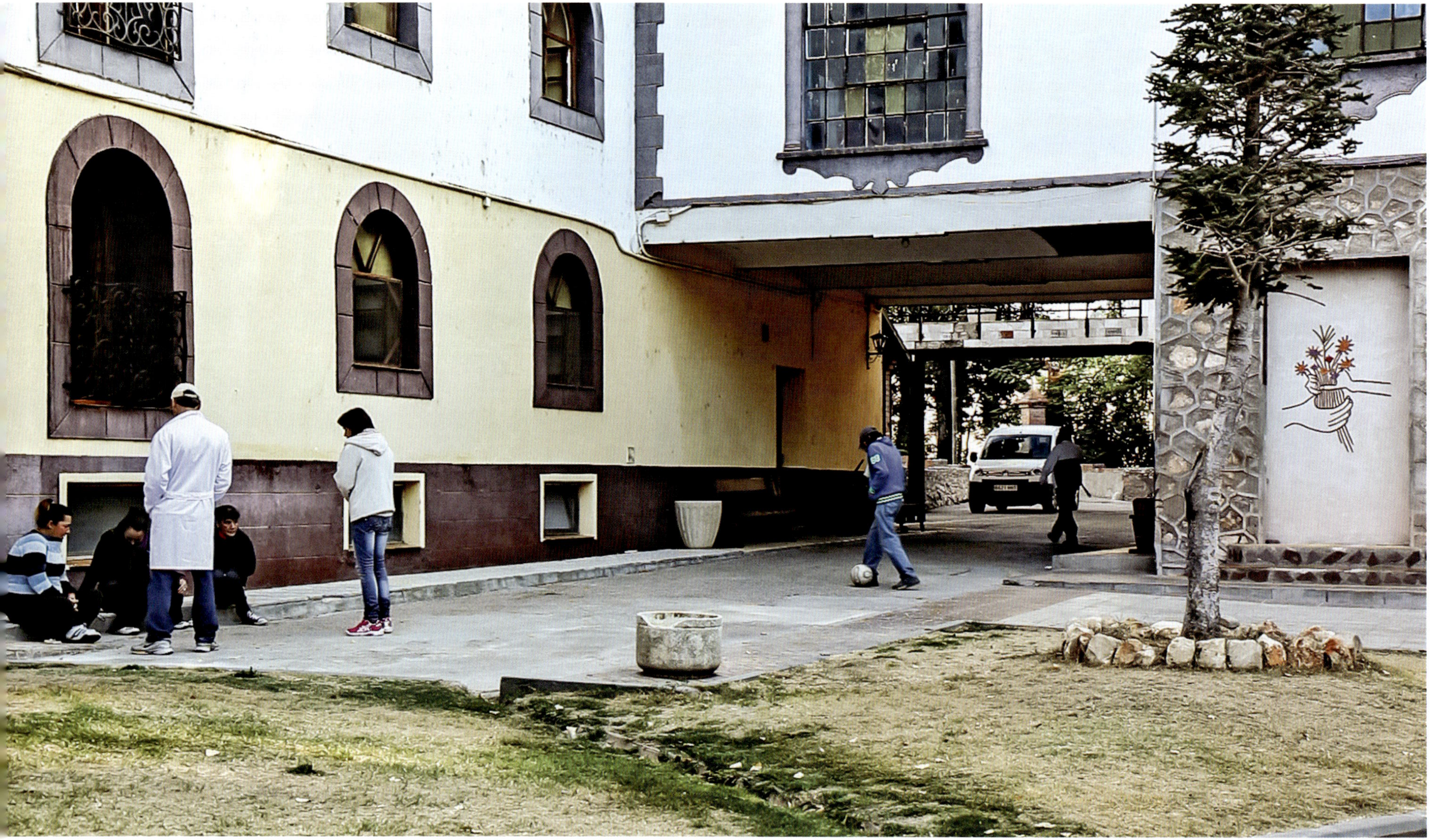

Ambite as it is today.

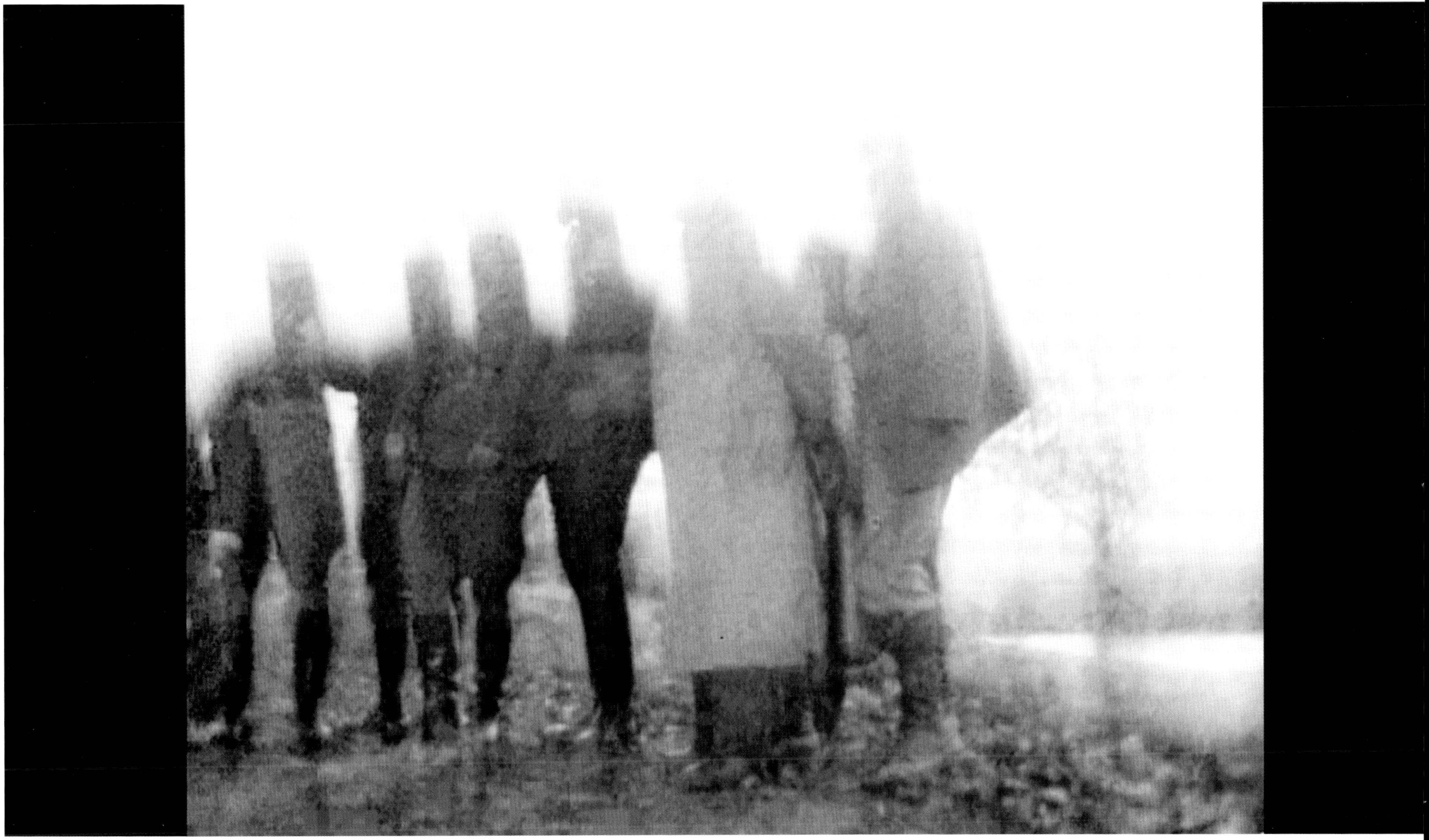

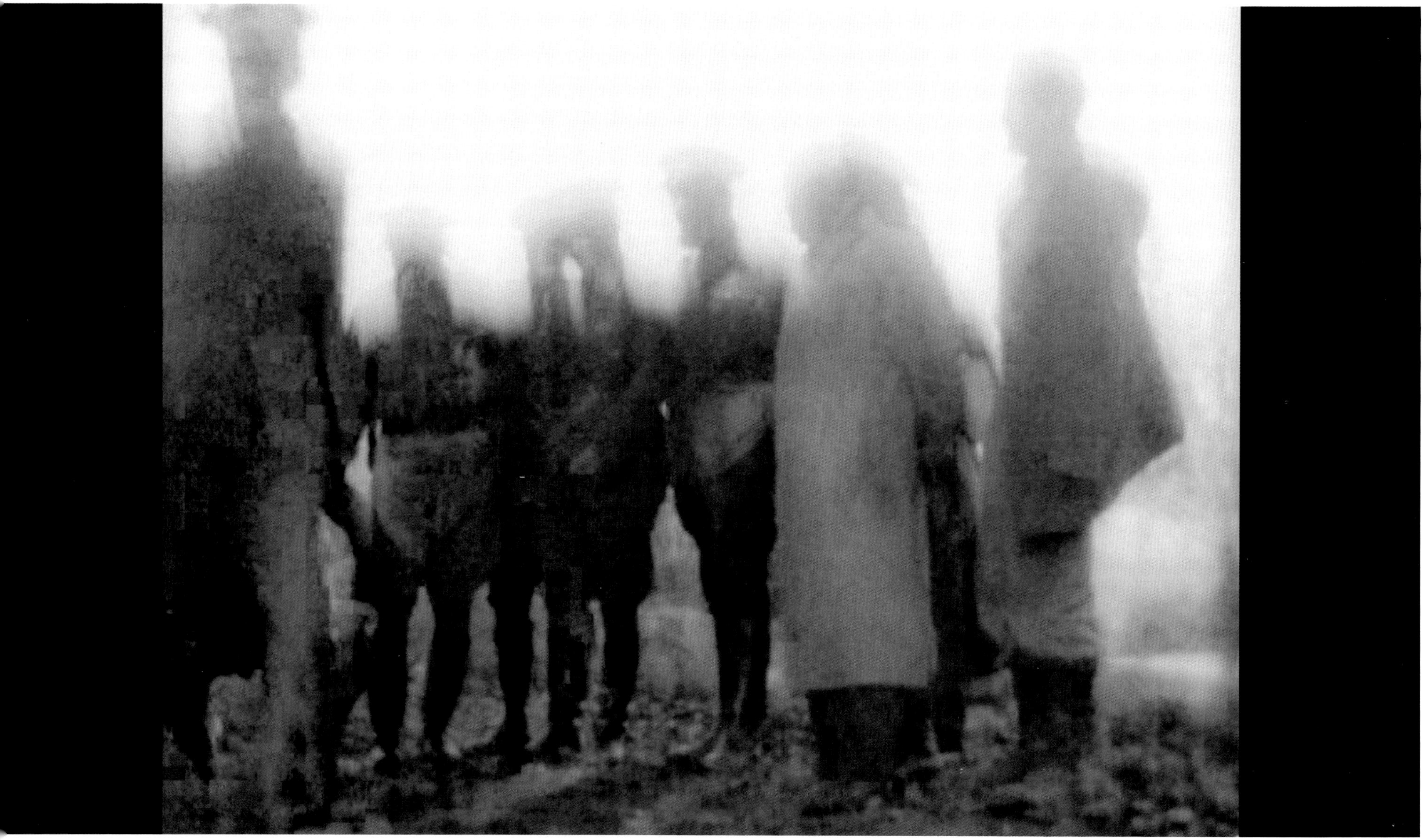

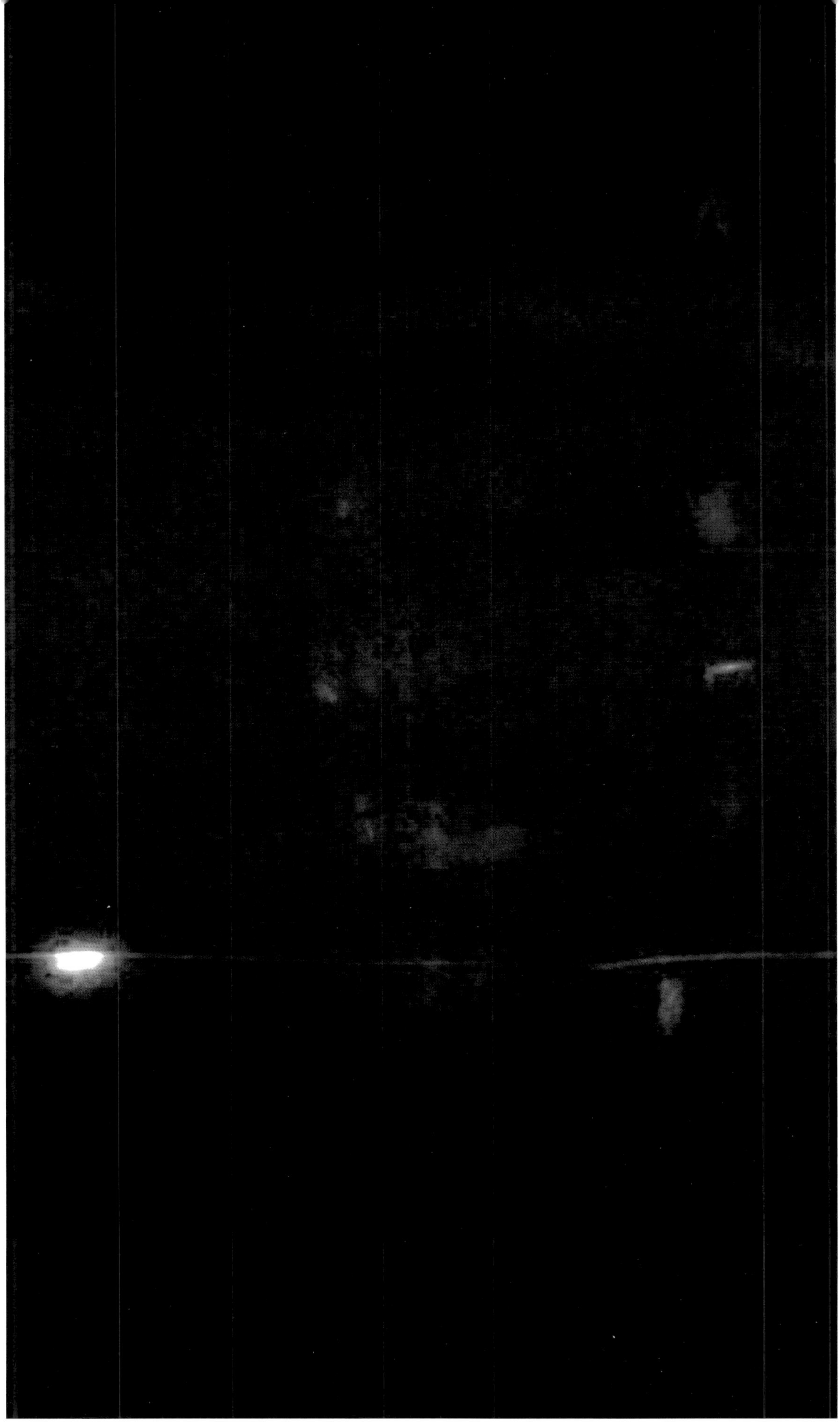

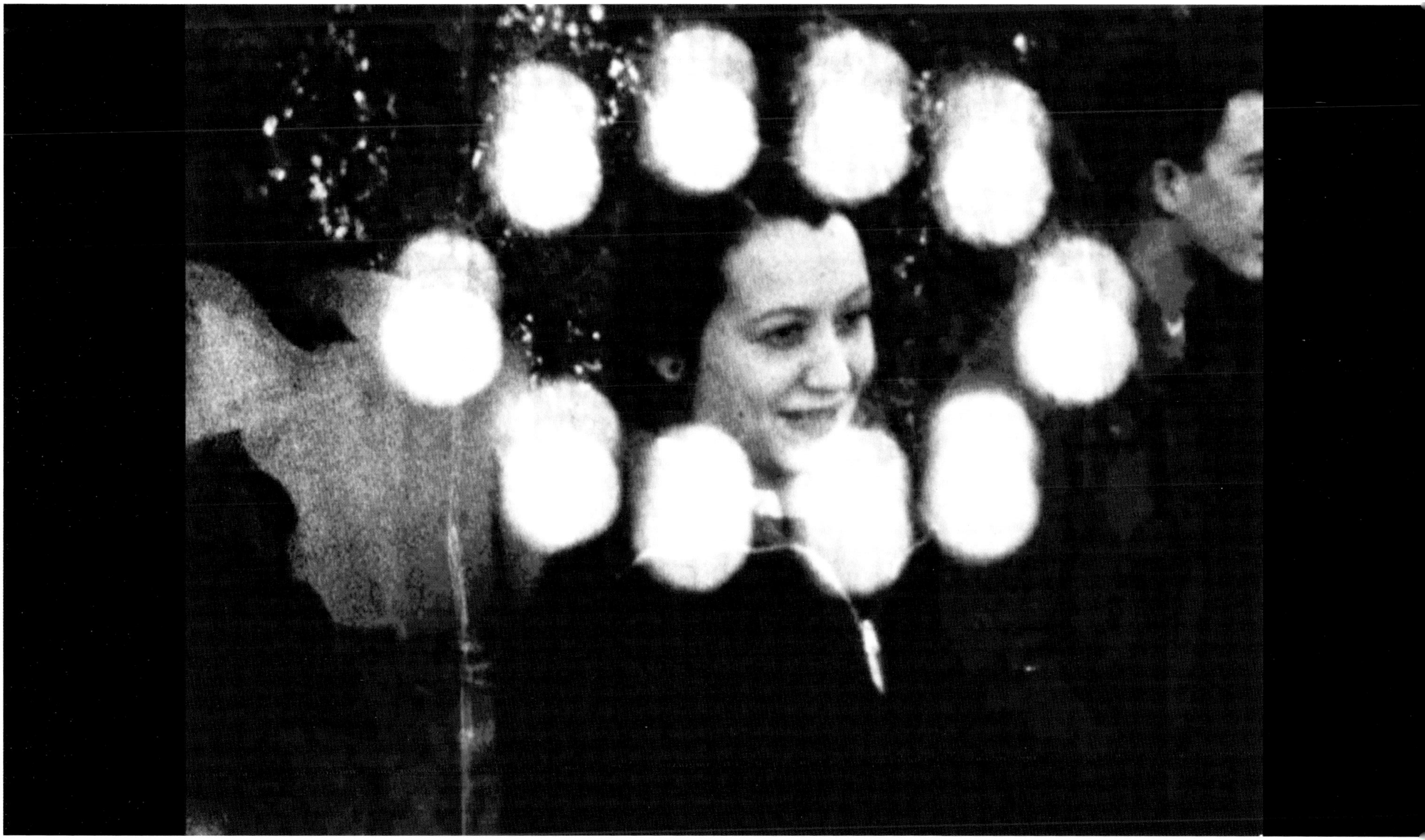

Marion Merriman, wife of Robert.

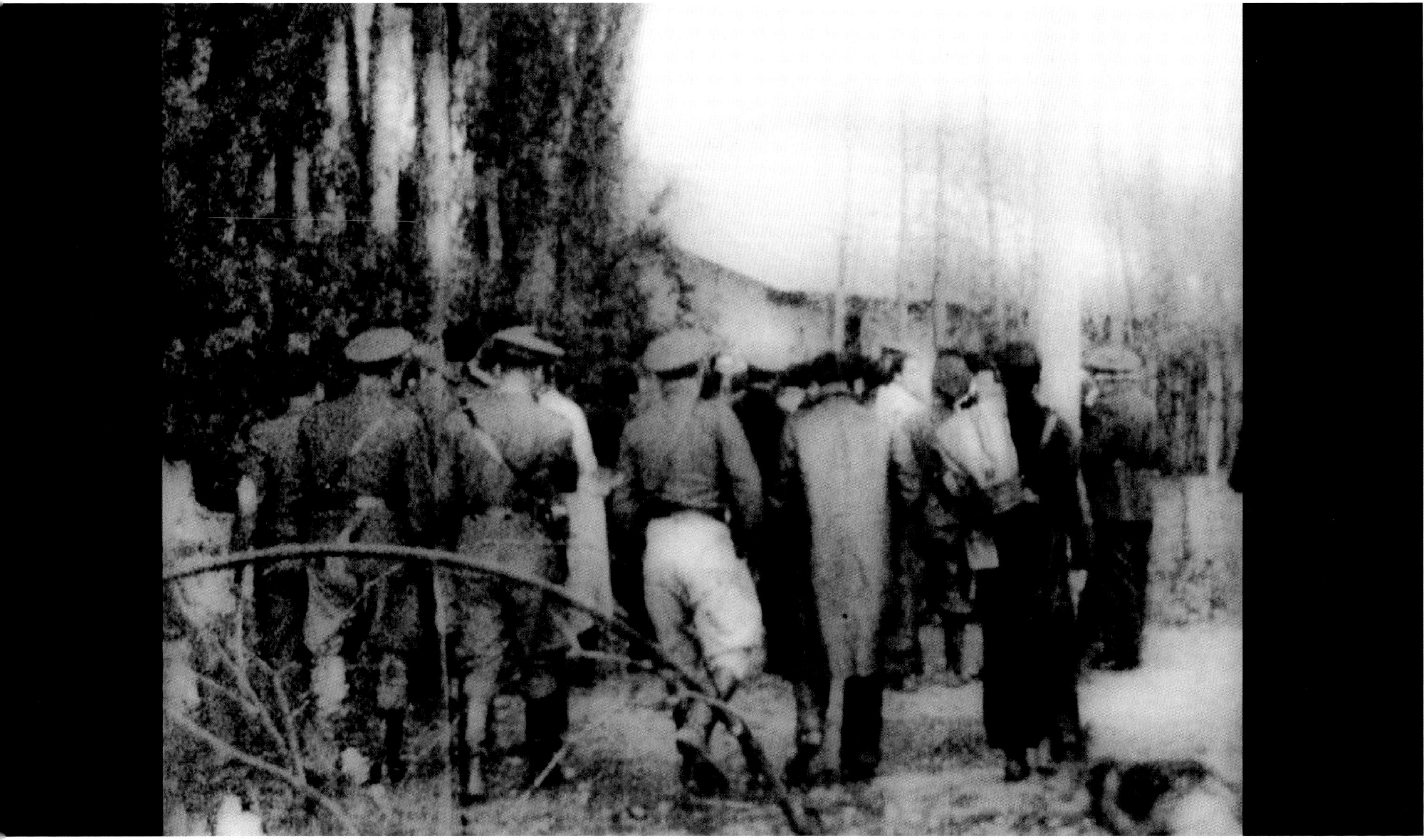

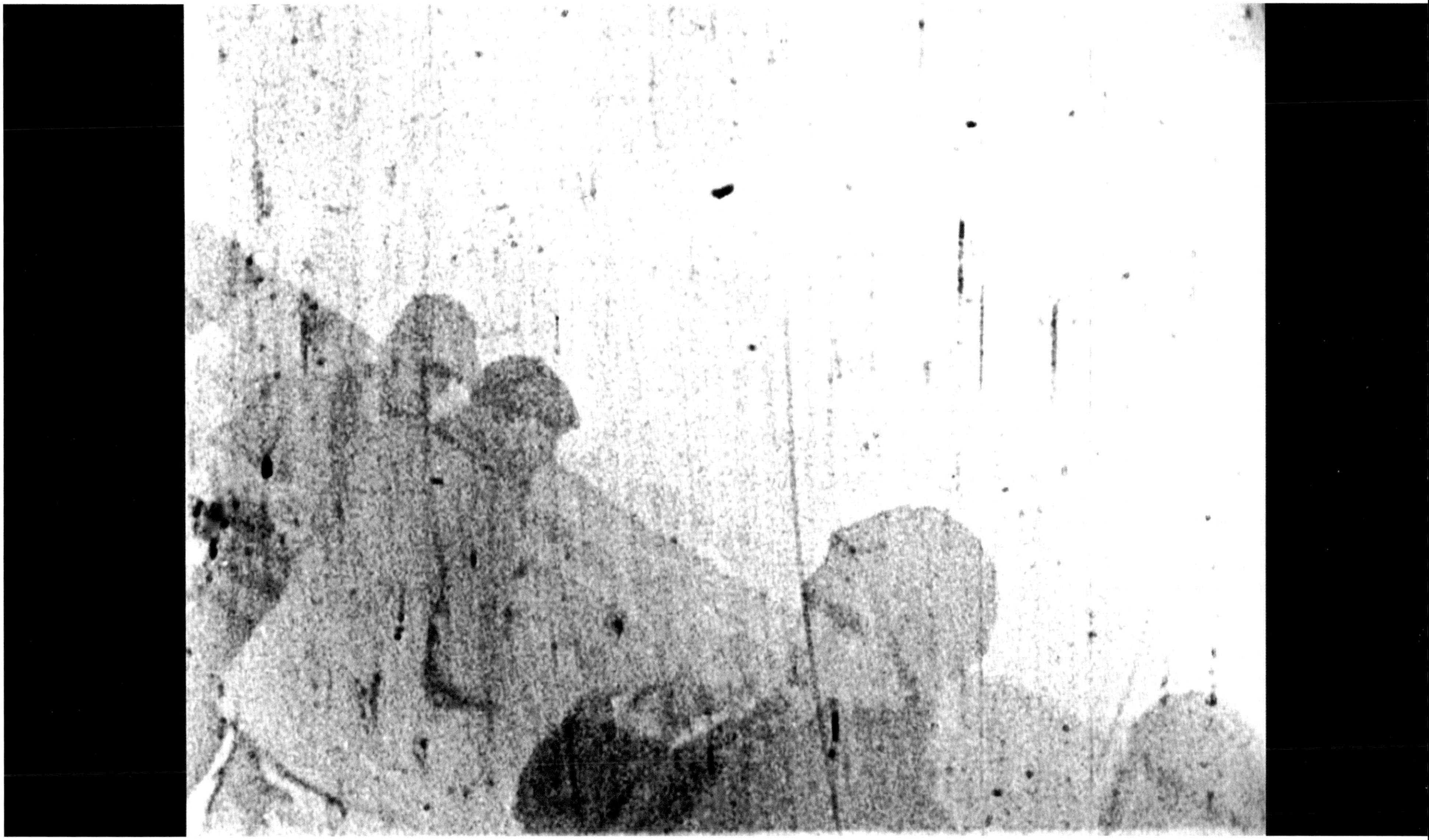

Teruel, or maybe not.

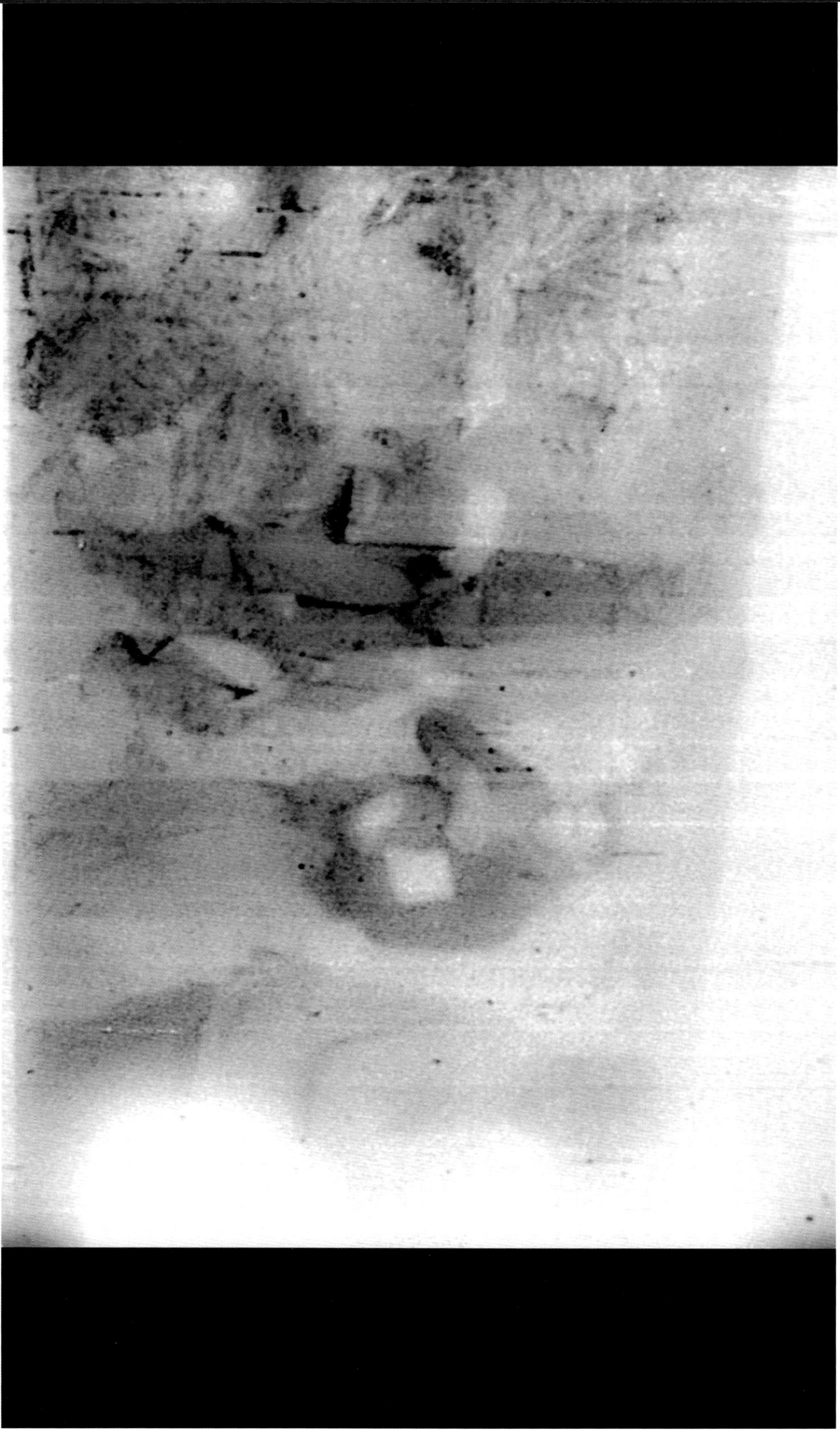

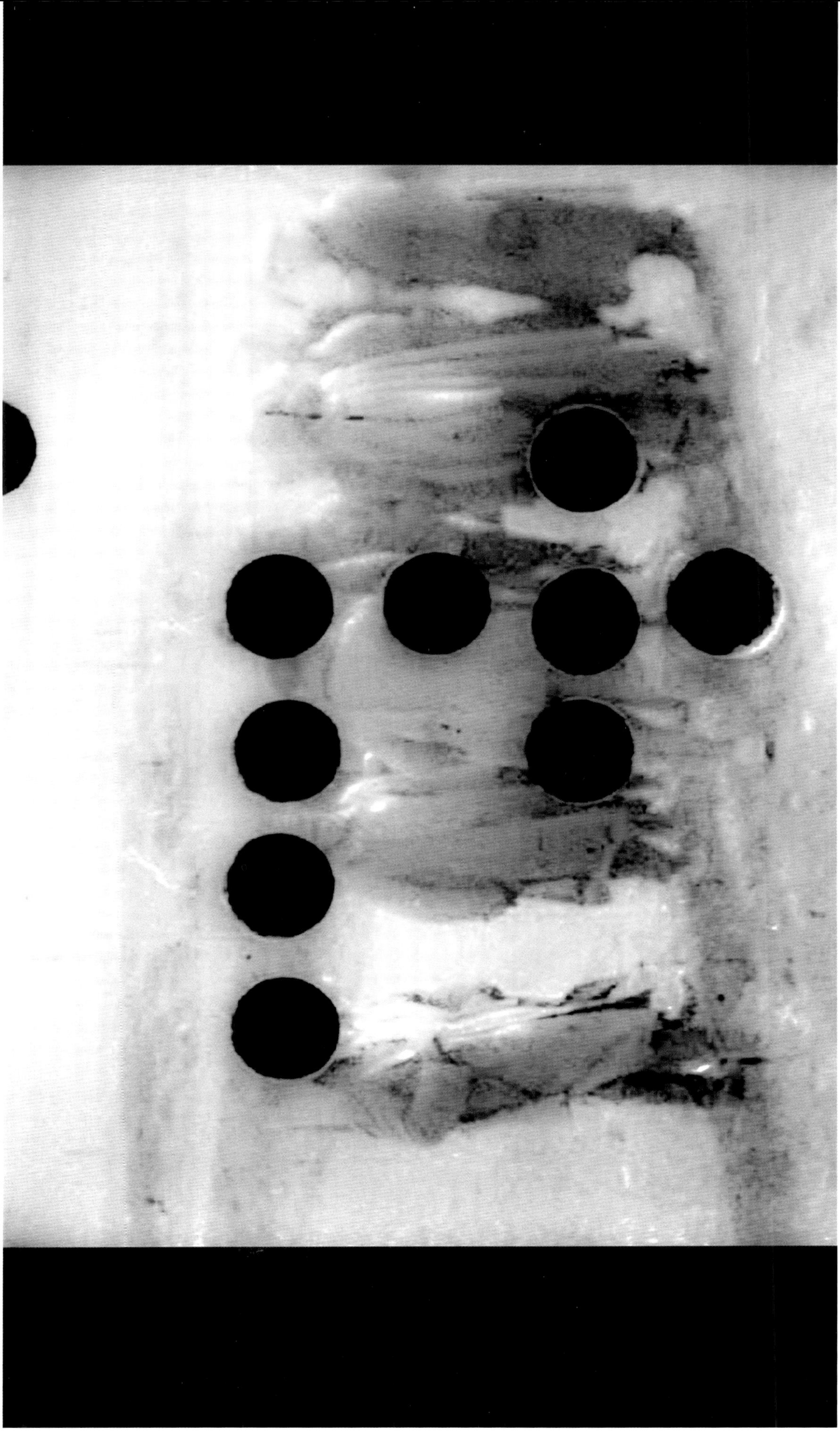

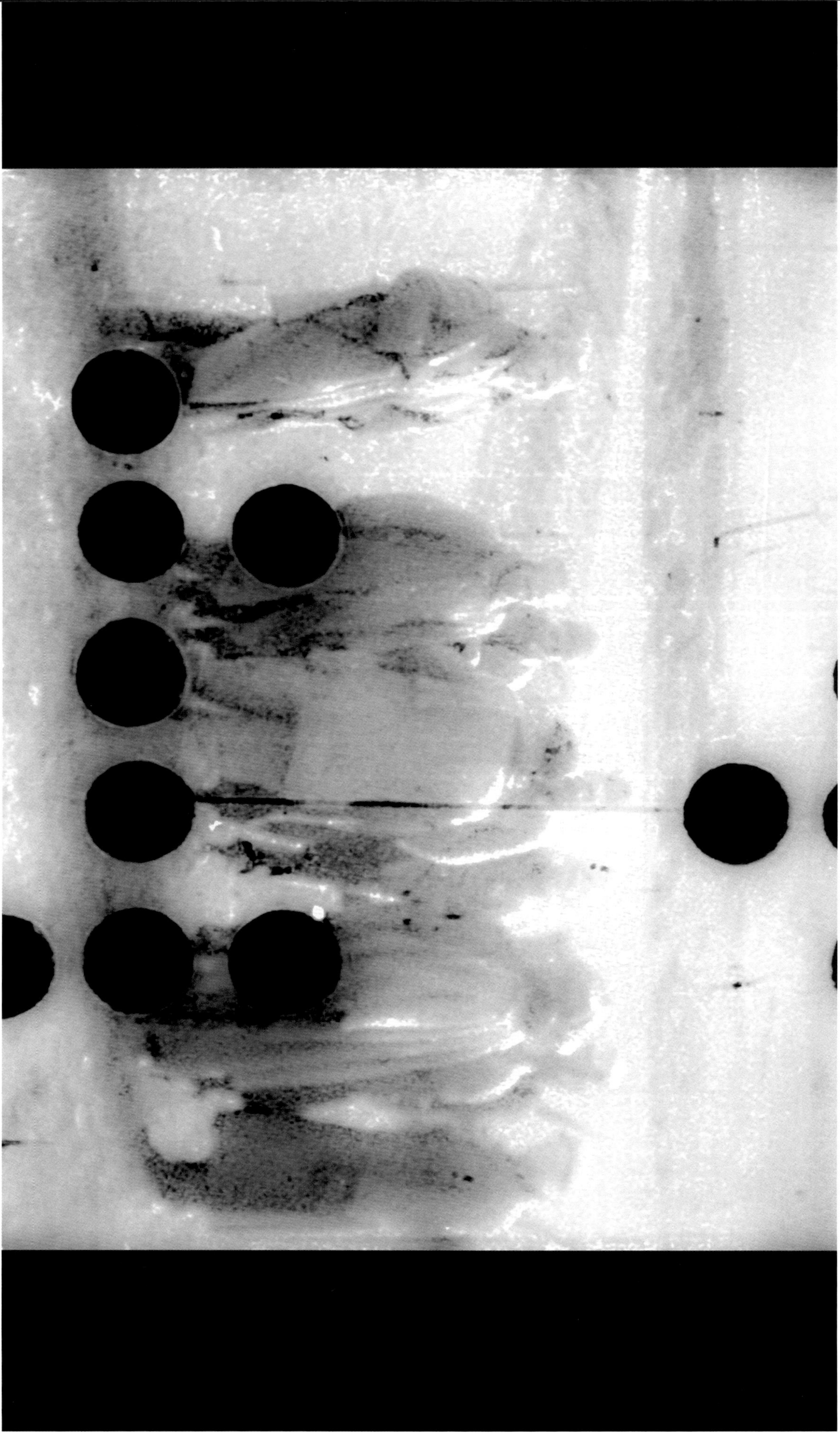

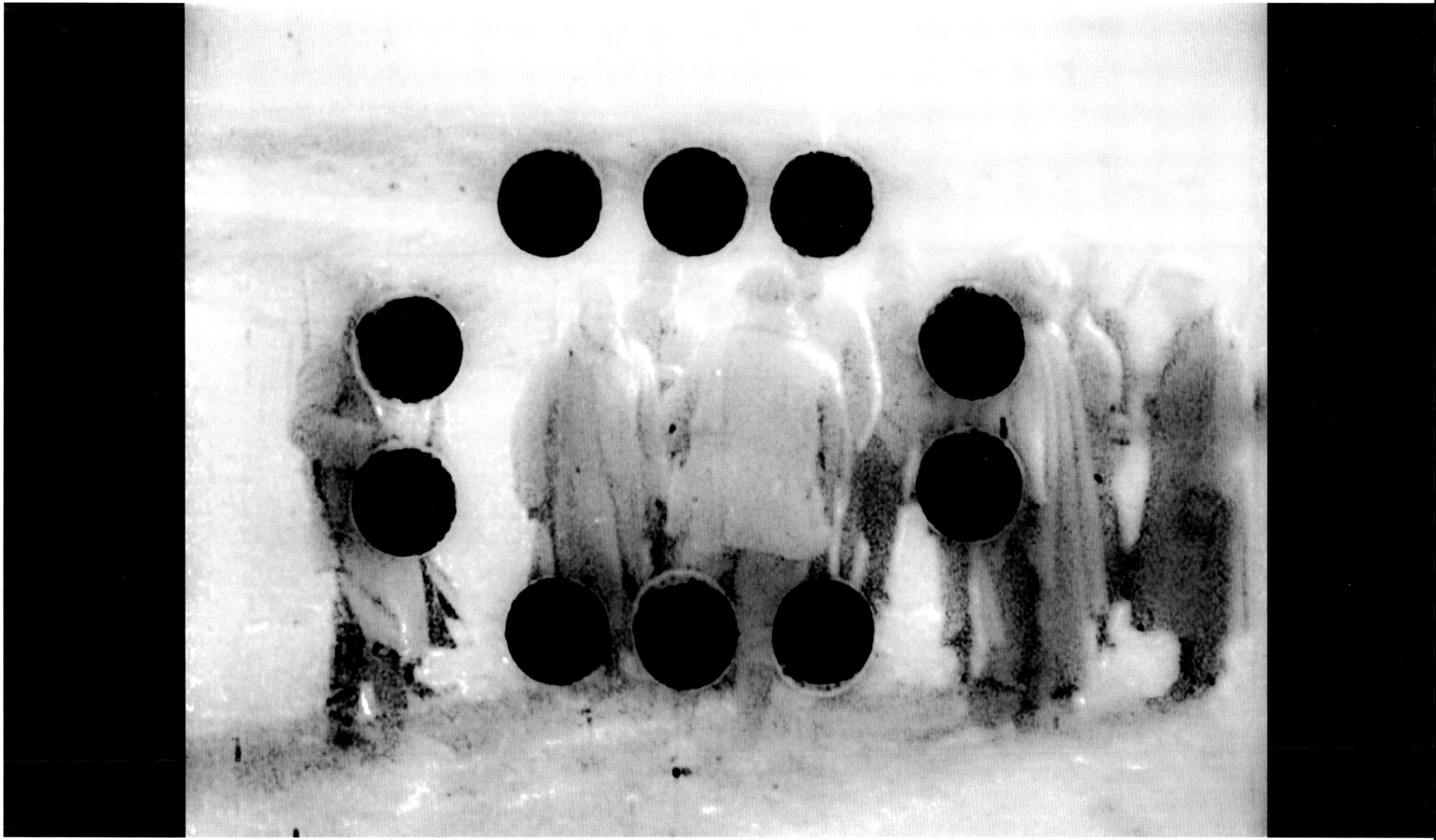

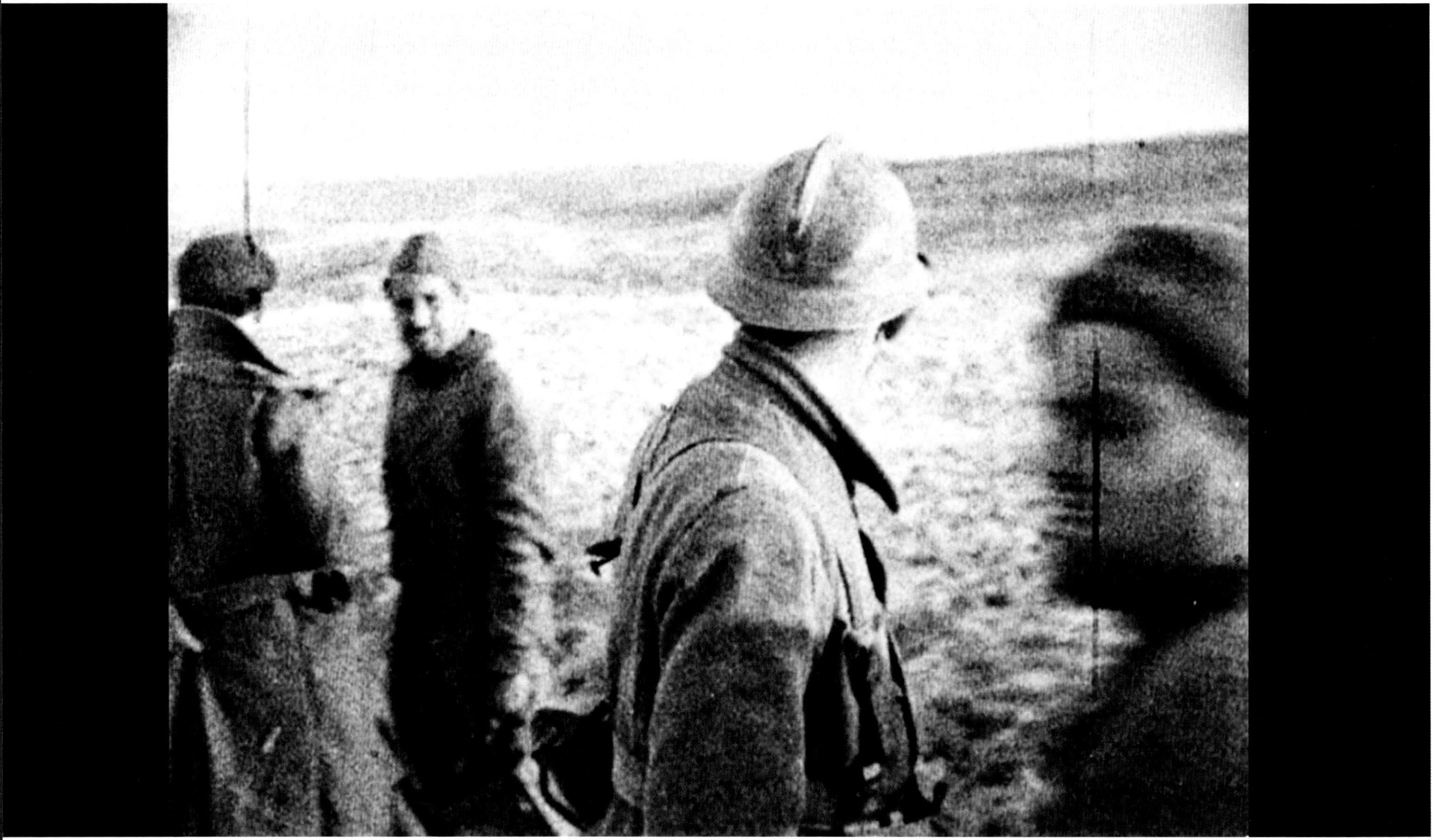

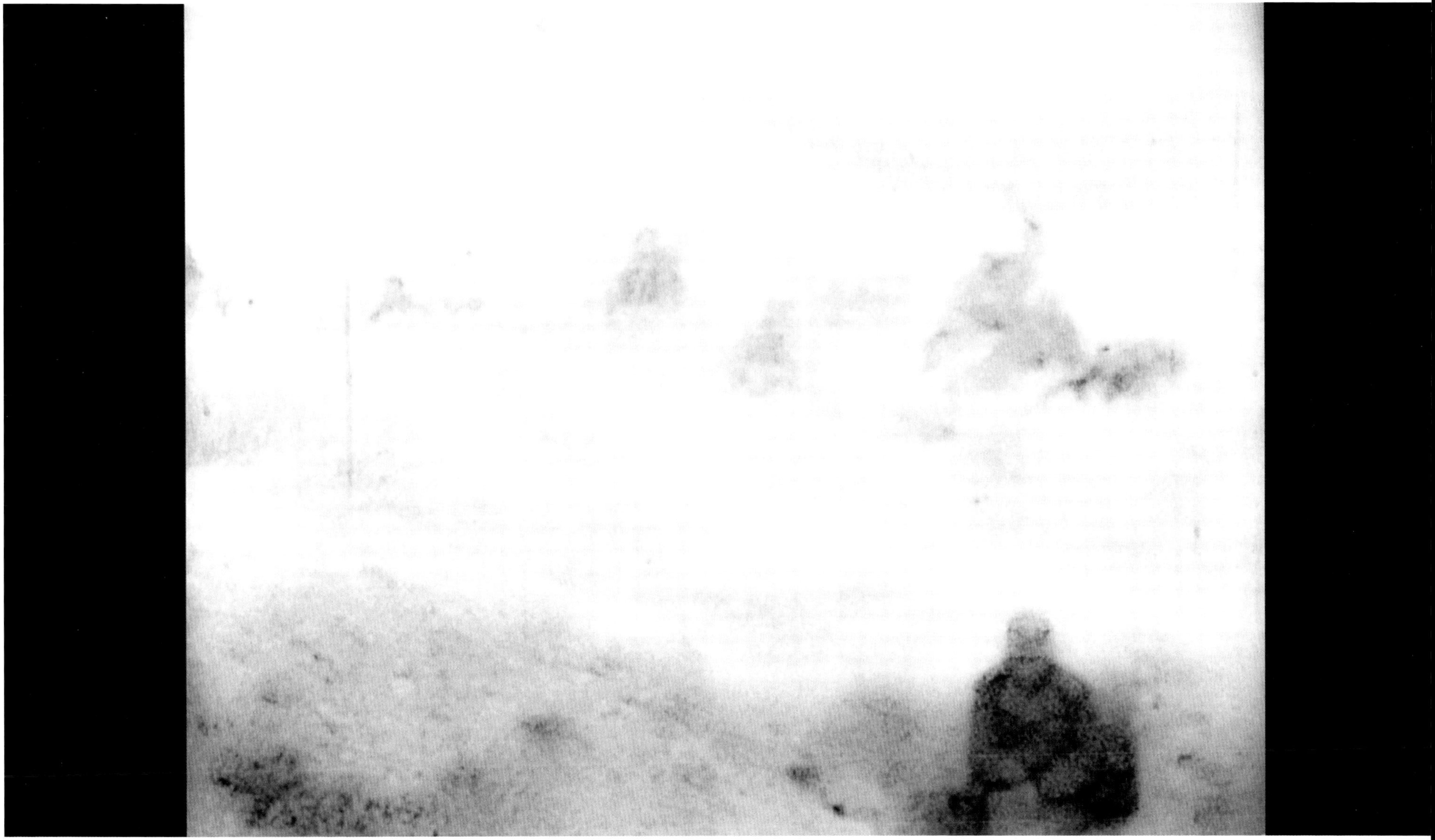

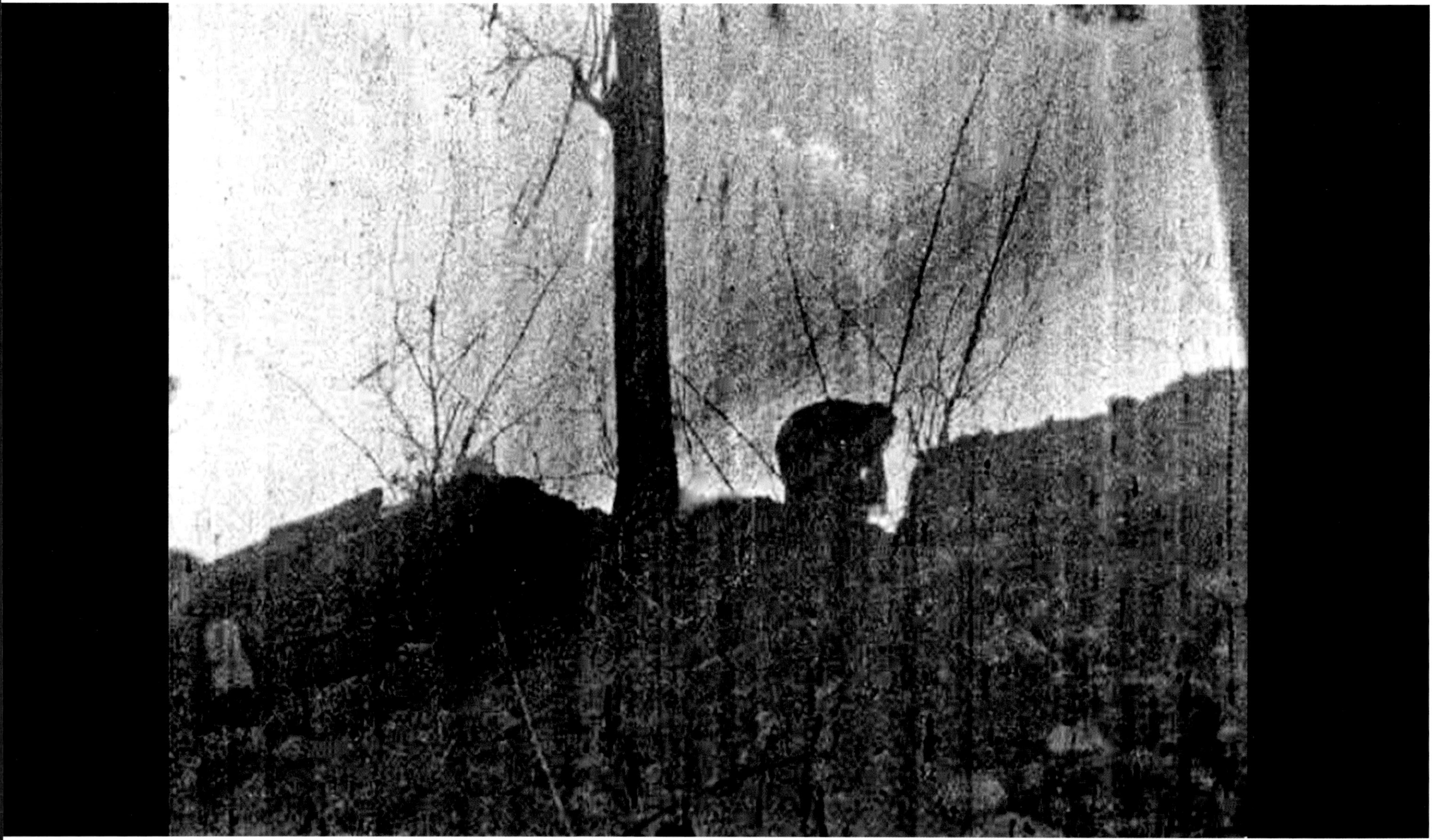

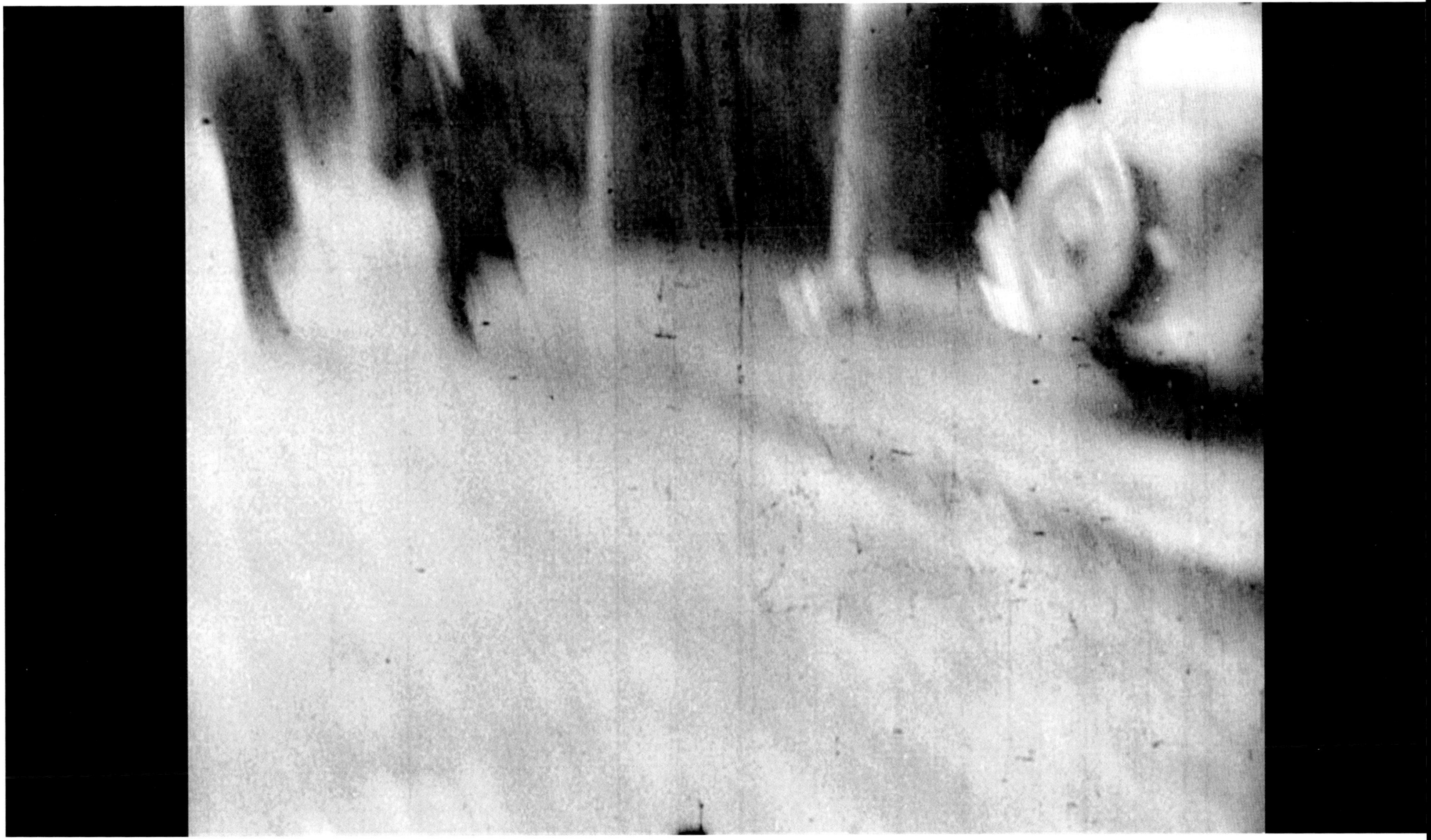

Teruel for sure.

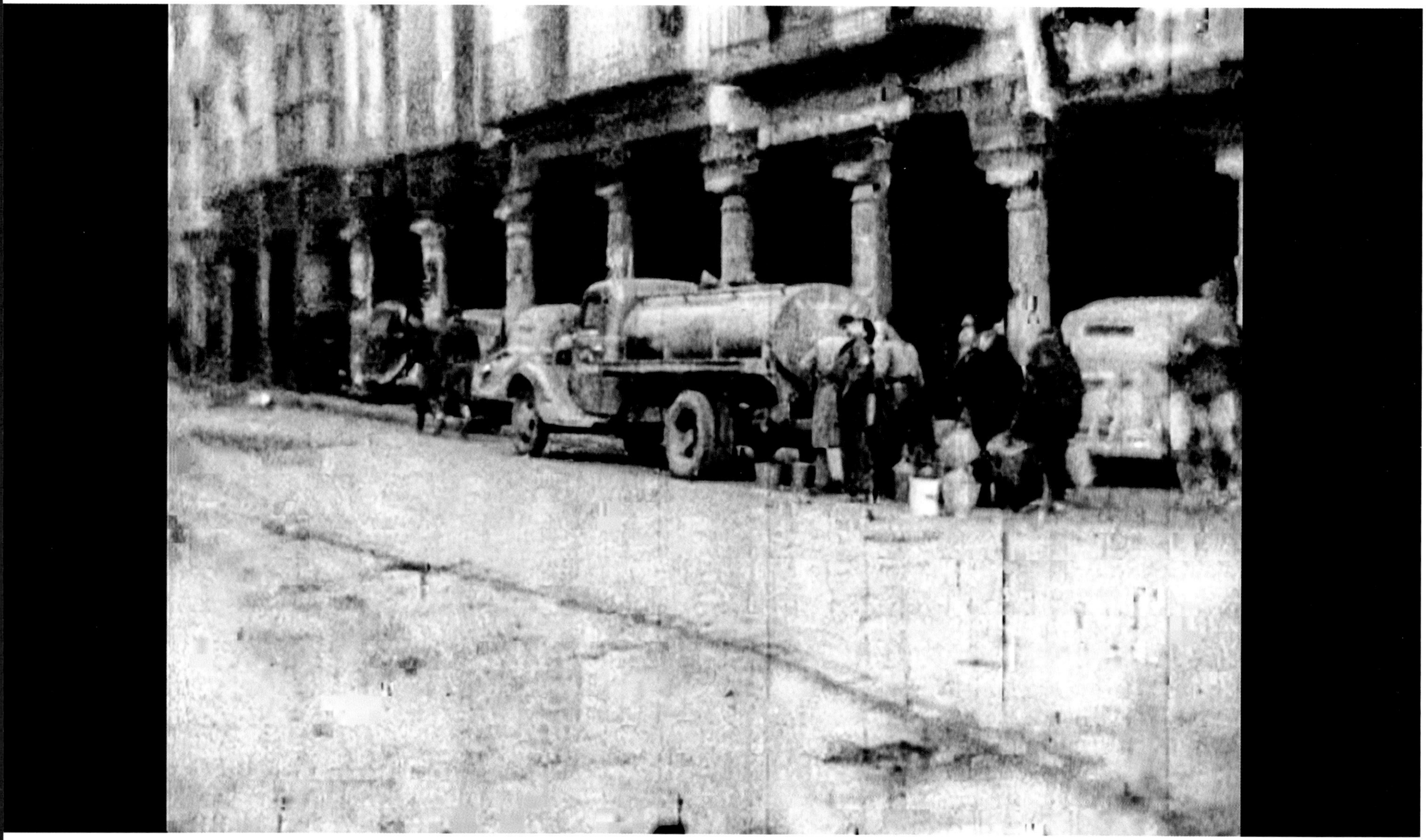

Plaza del Torico, Teruel.

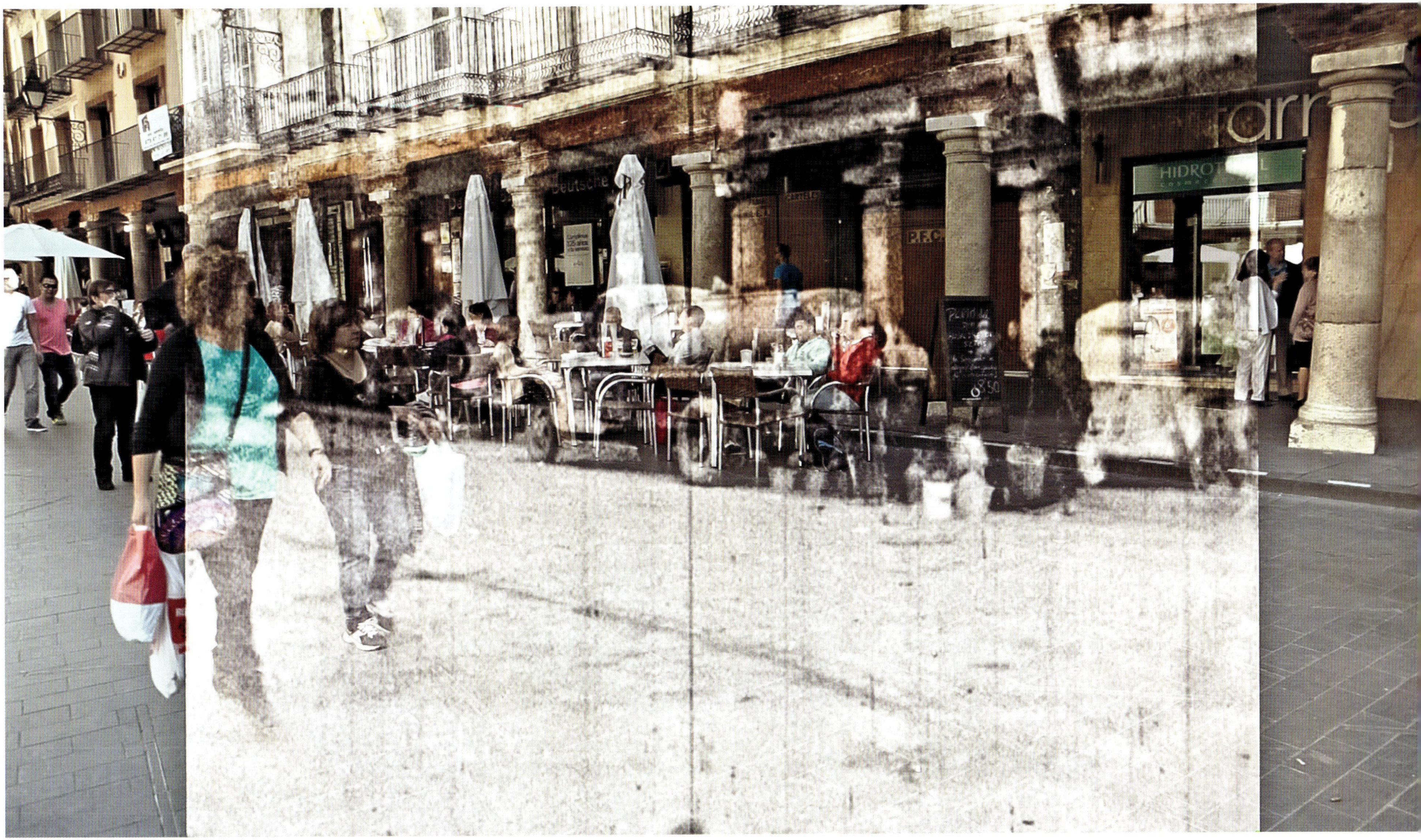
HIDRO
Deutsche

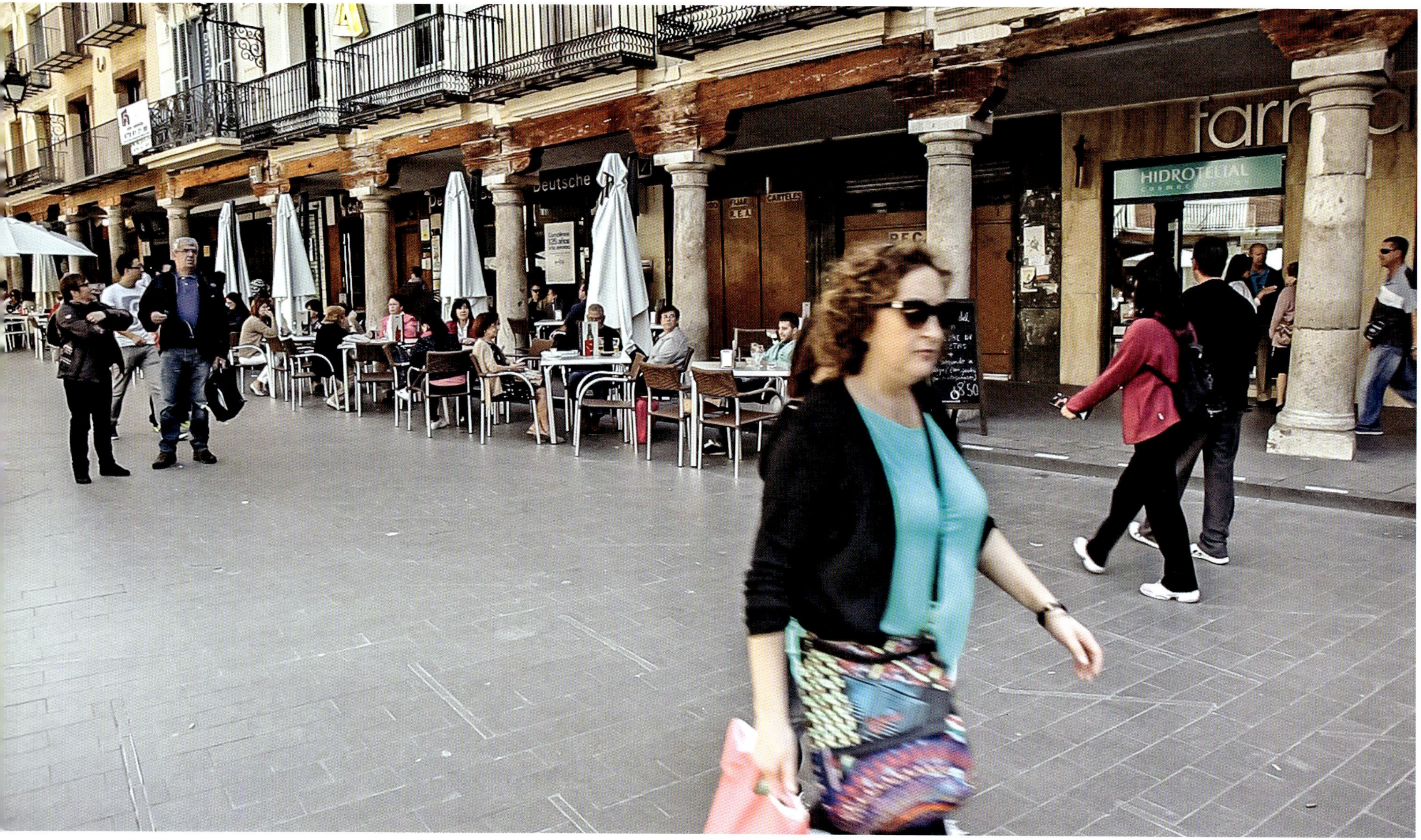
Deutsche
CARTELES
HIDROTELIAL

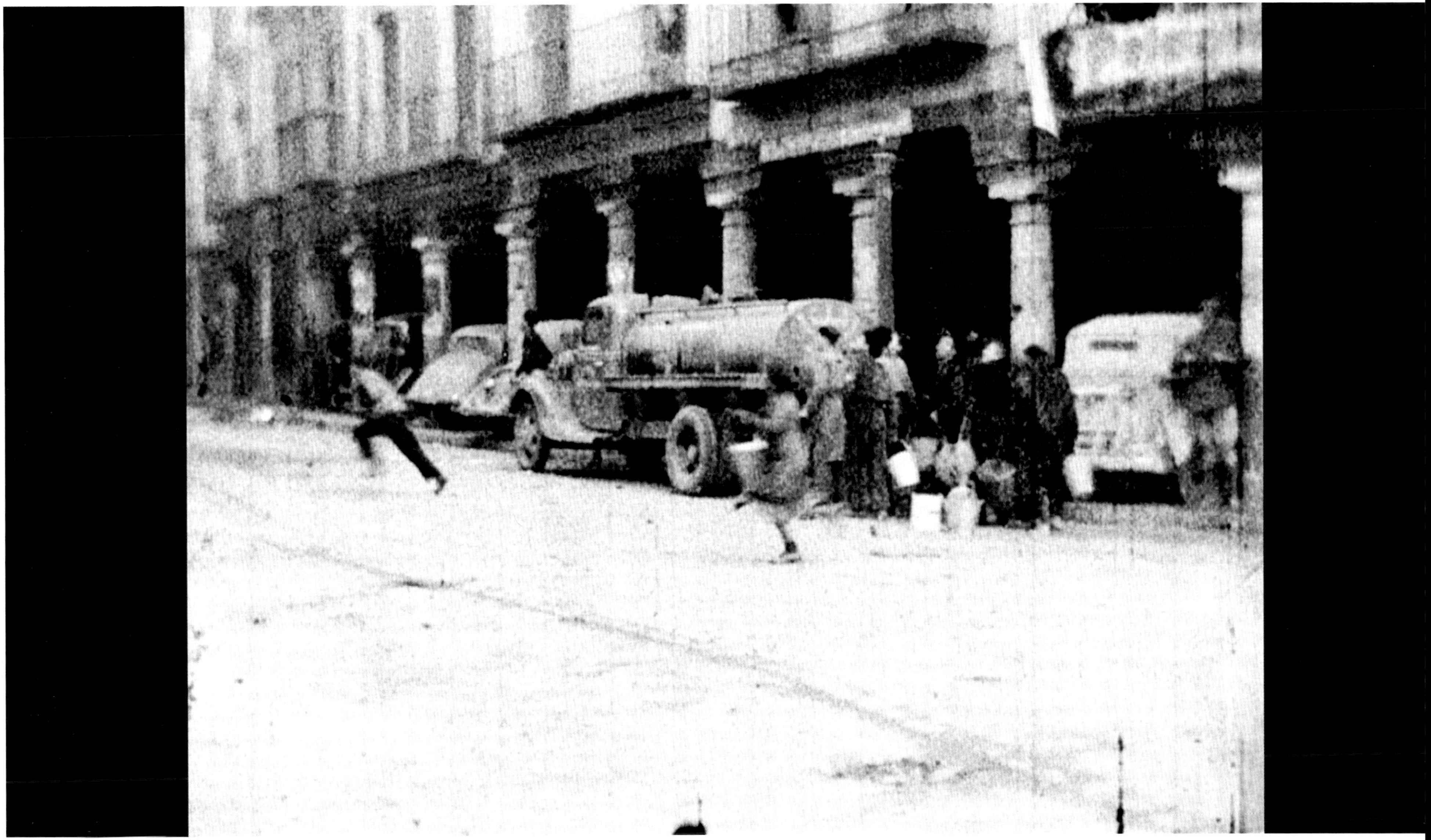

Franco's planes are here.

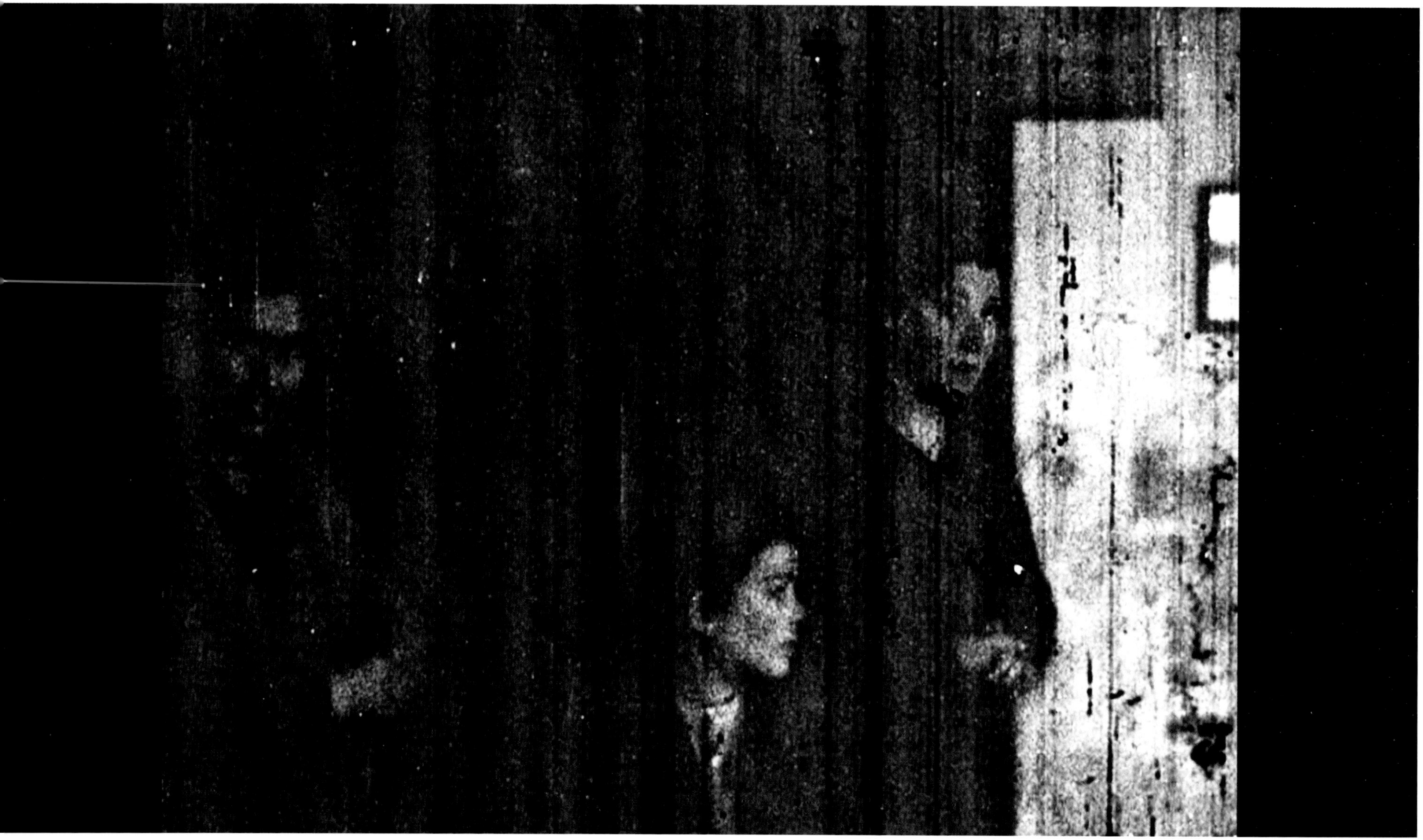

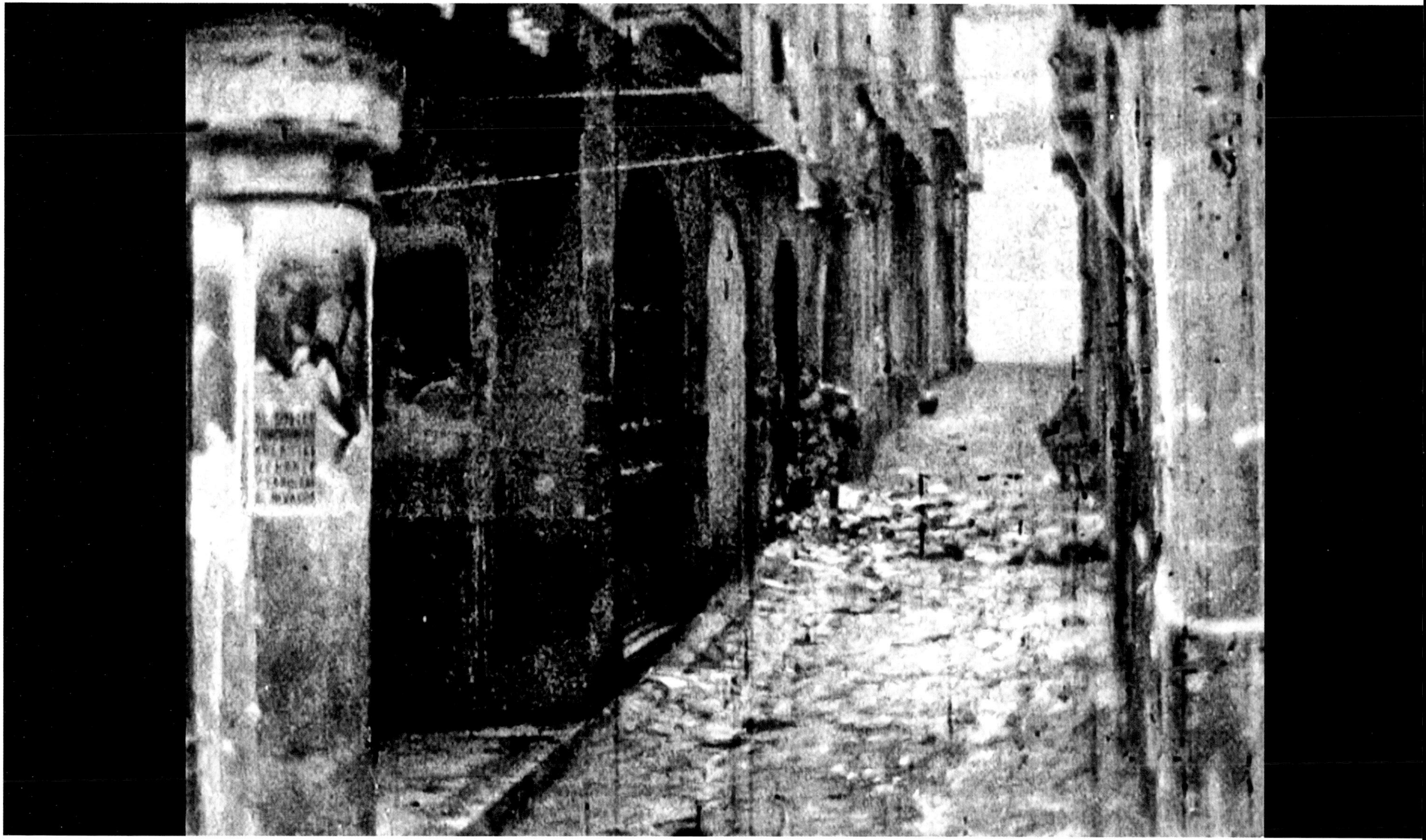

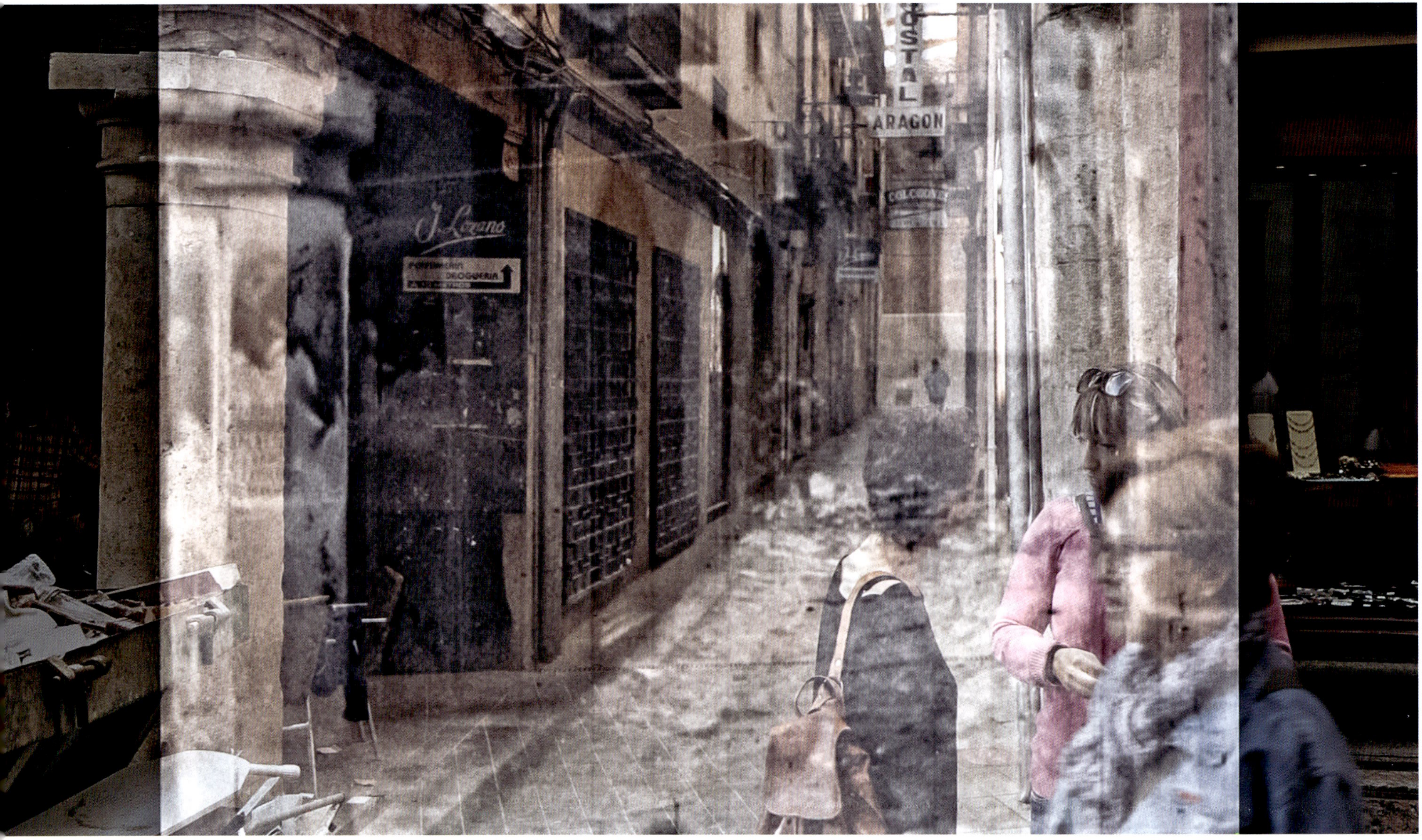
J. Lozano
DROGUERIA
ARAGON

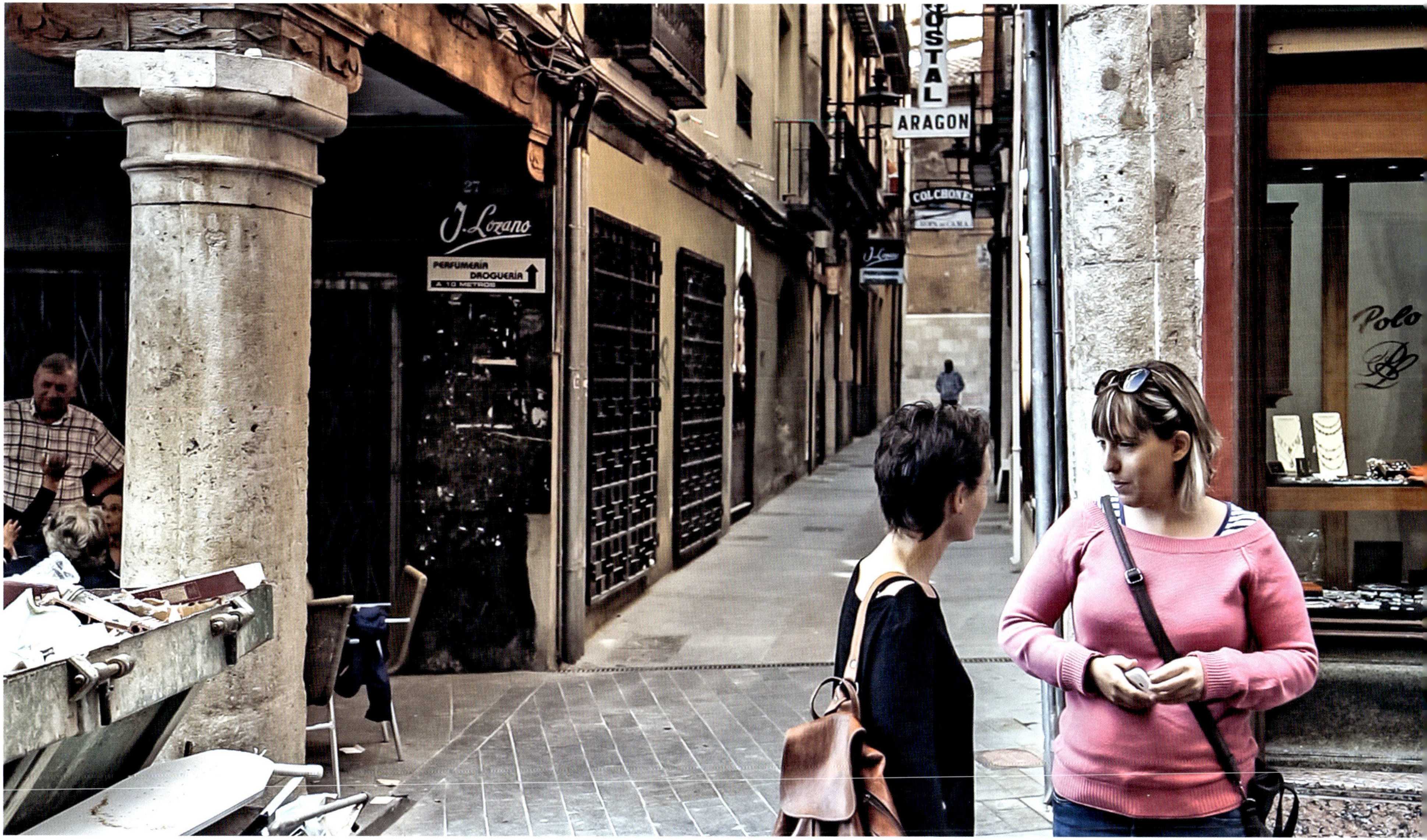
OSTAL
ARAGON
COLCHONES
J. Lozano
PERFUMERÍA
DROGUERÍA
A 10 METROS
27
Polo

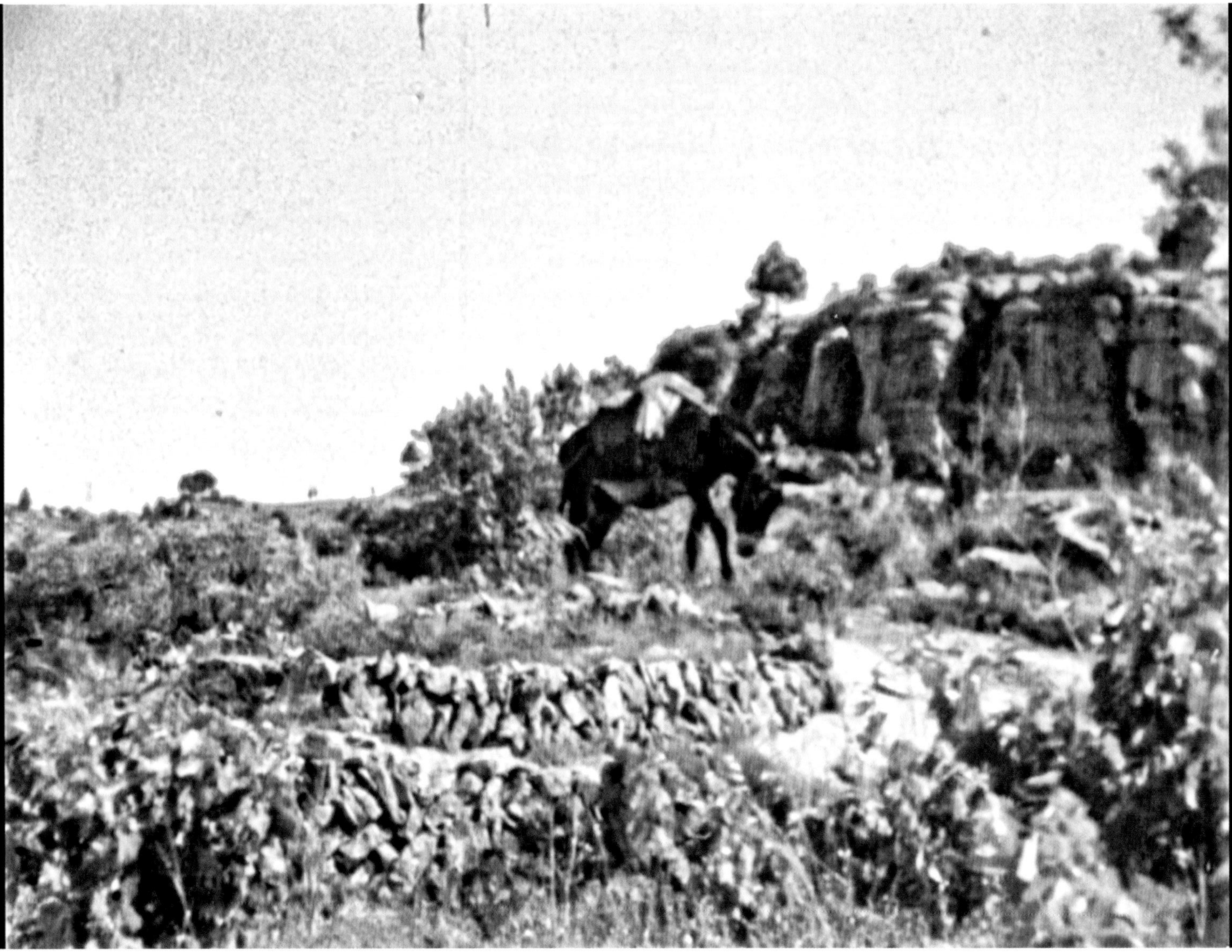

A donkey at the Ebro.

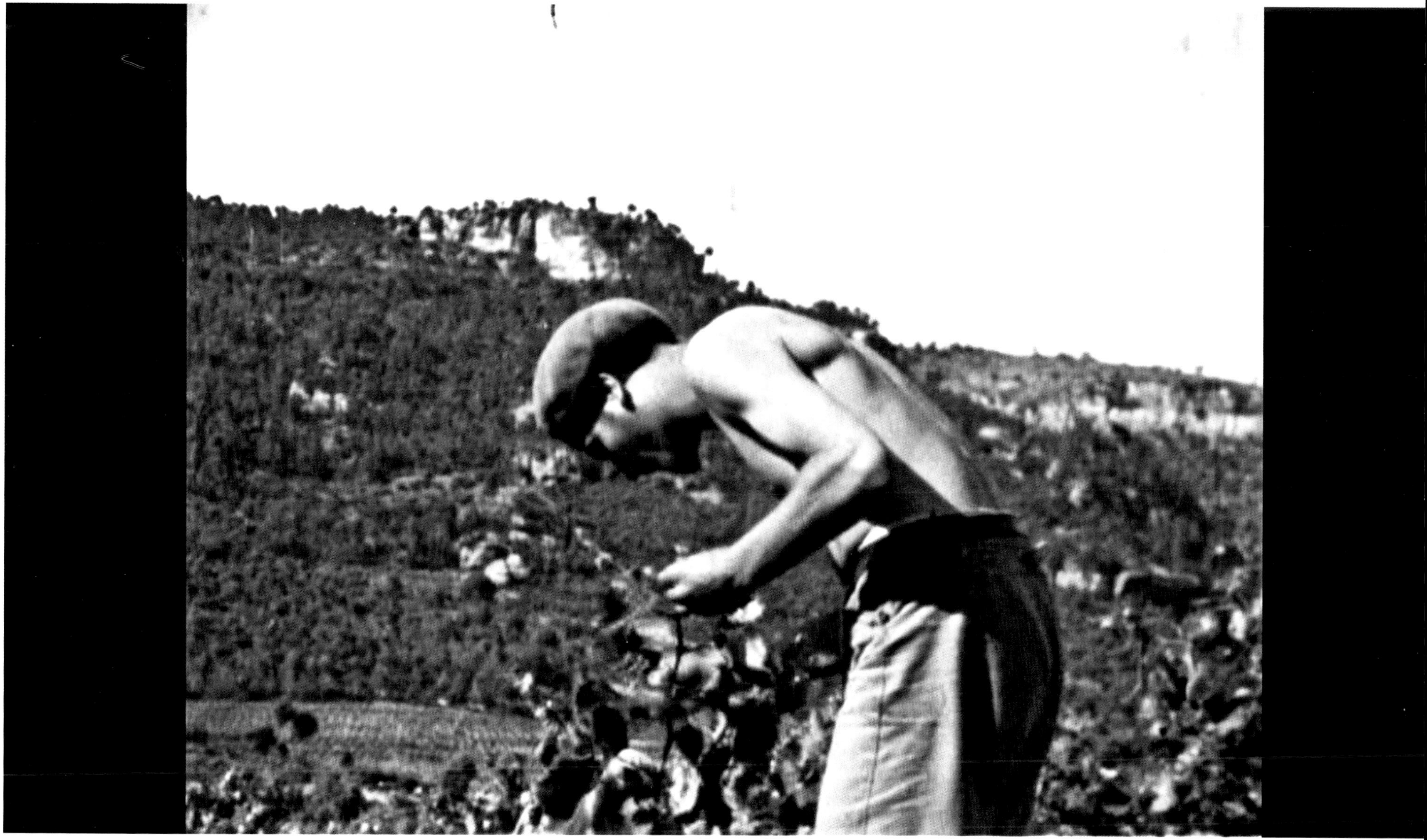

The Lincoln fighters help with the grape harvest in 1938.

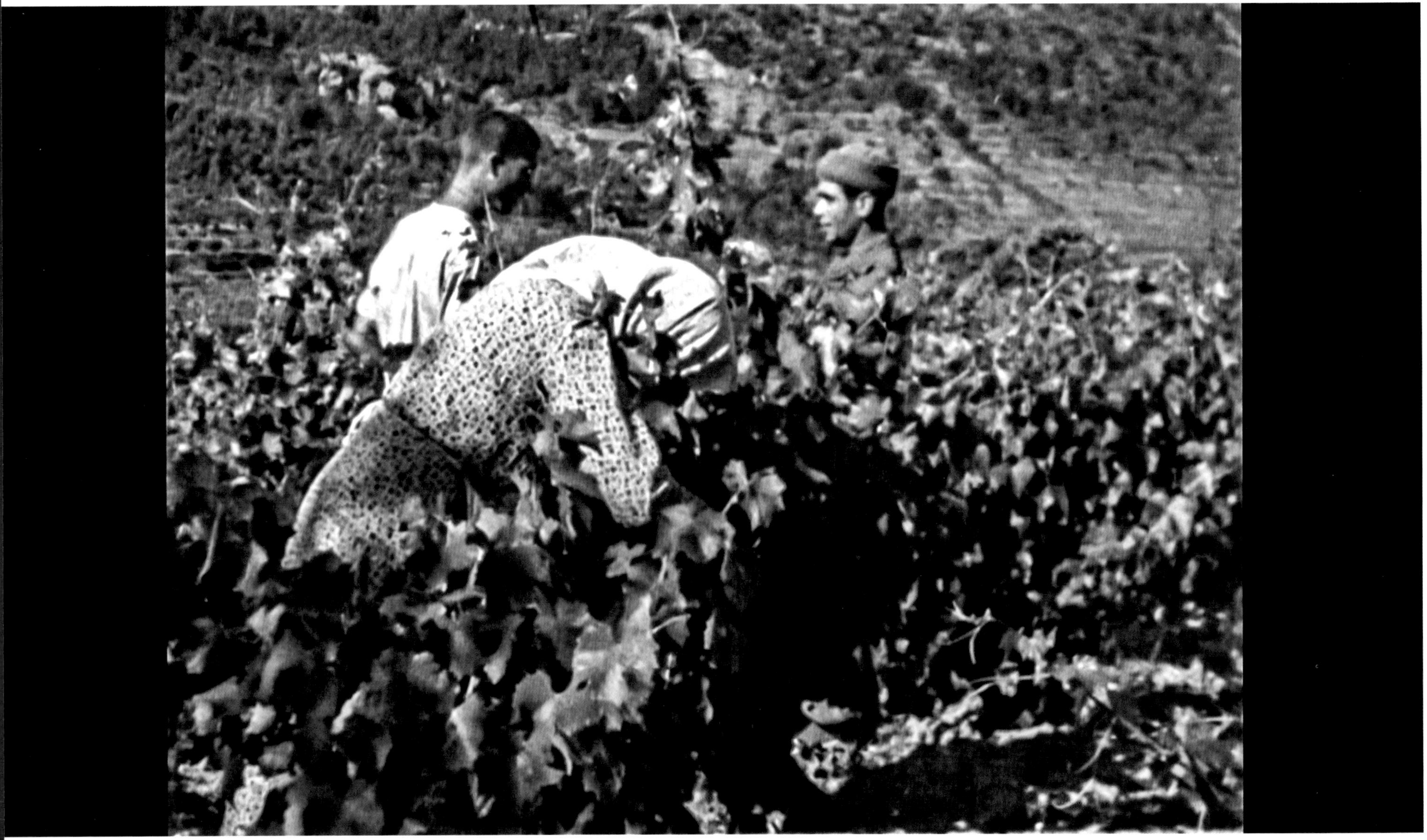

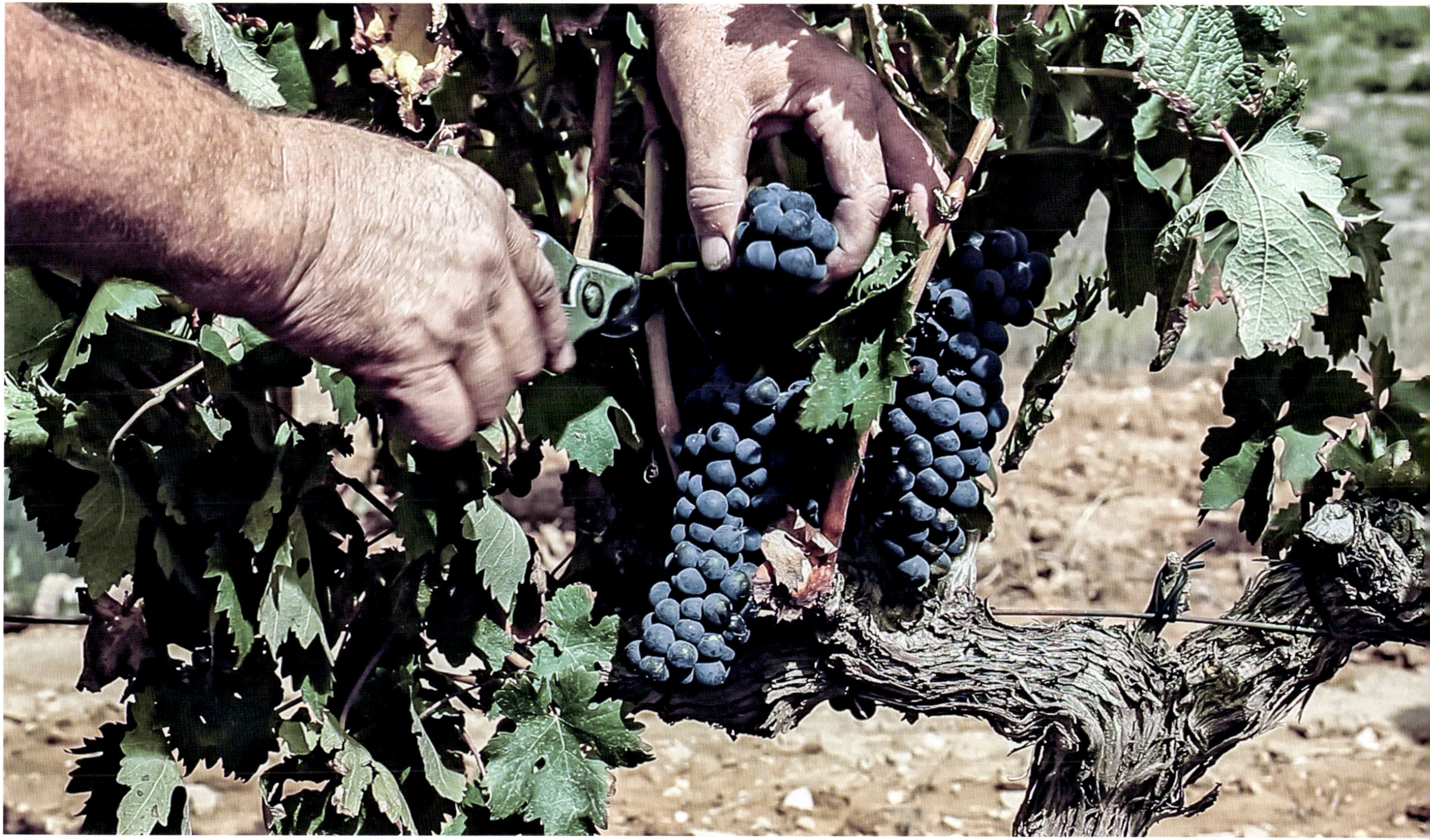

The grape picking continues, but now without the militiamen.

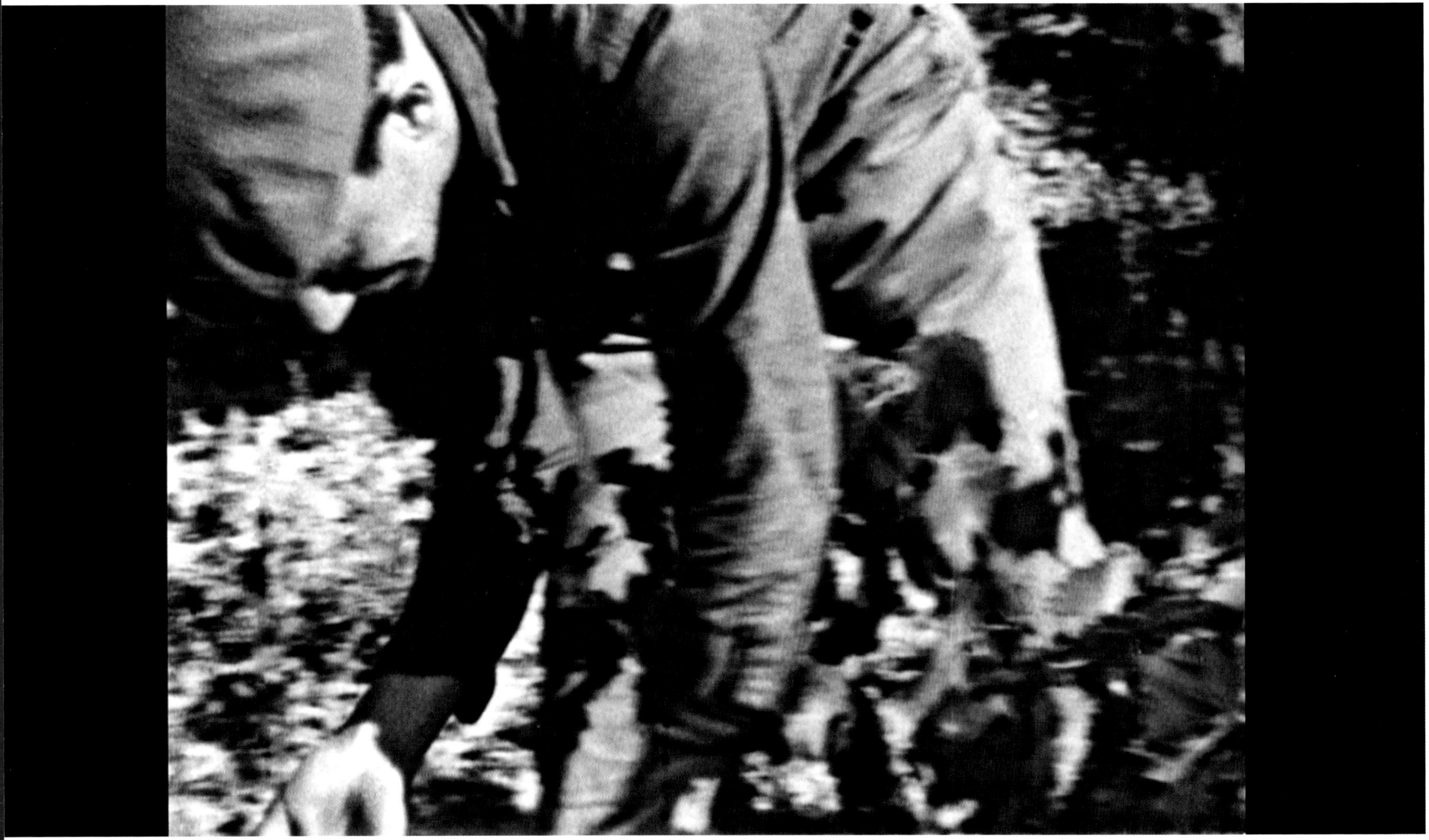

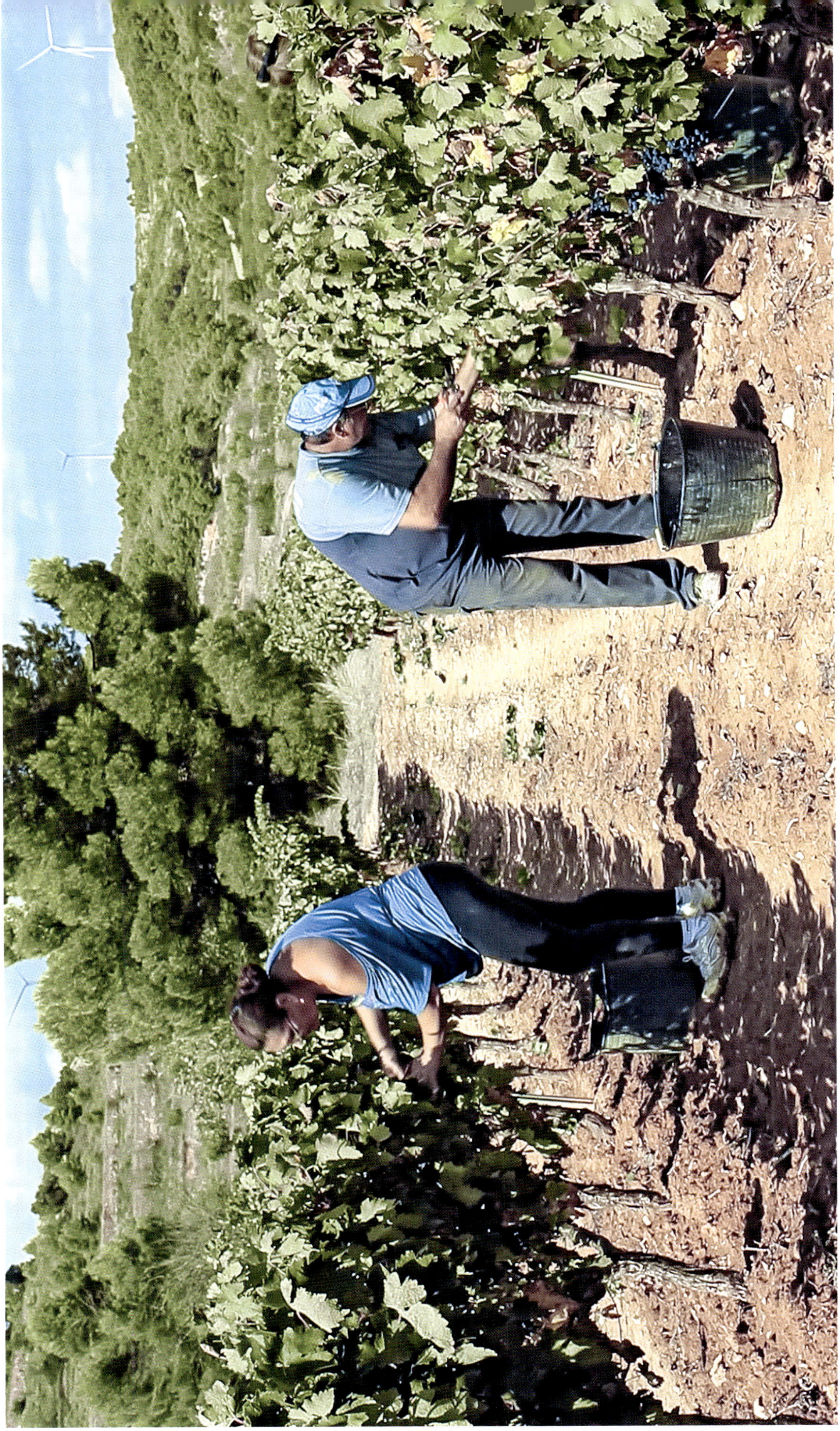

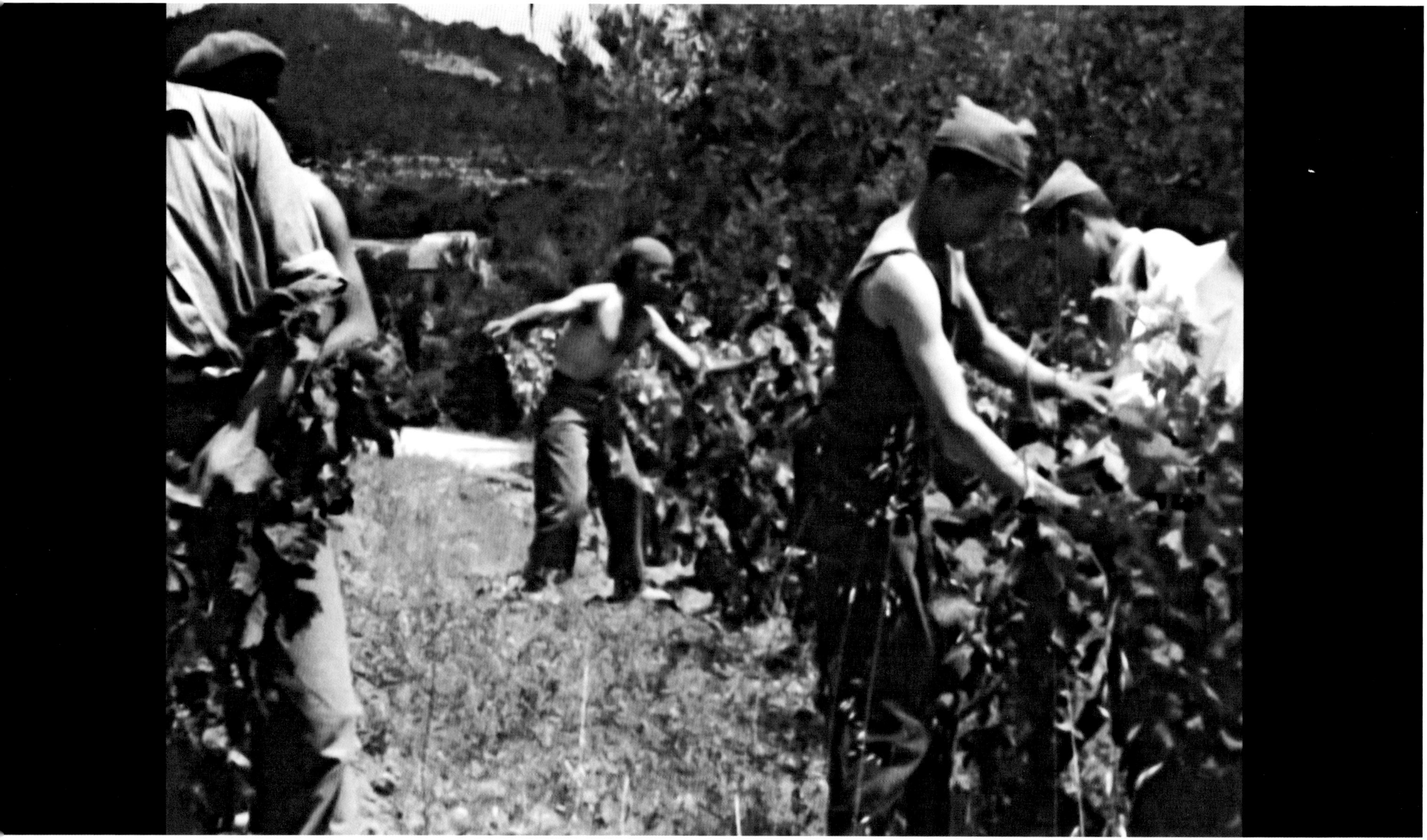

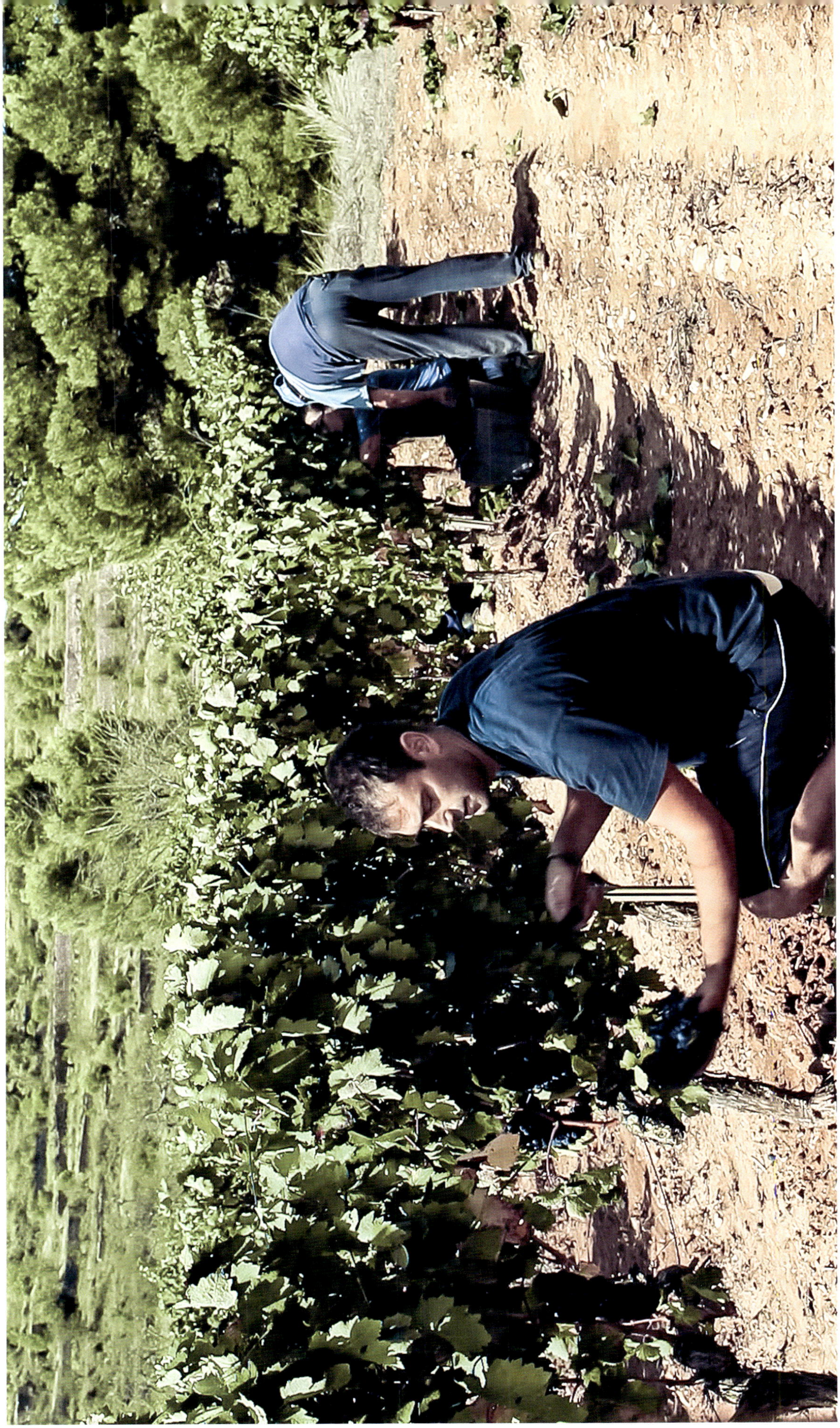

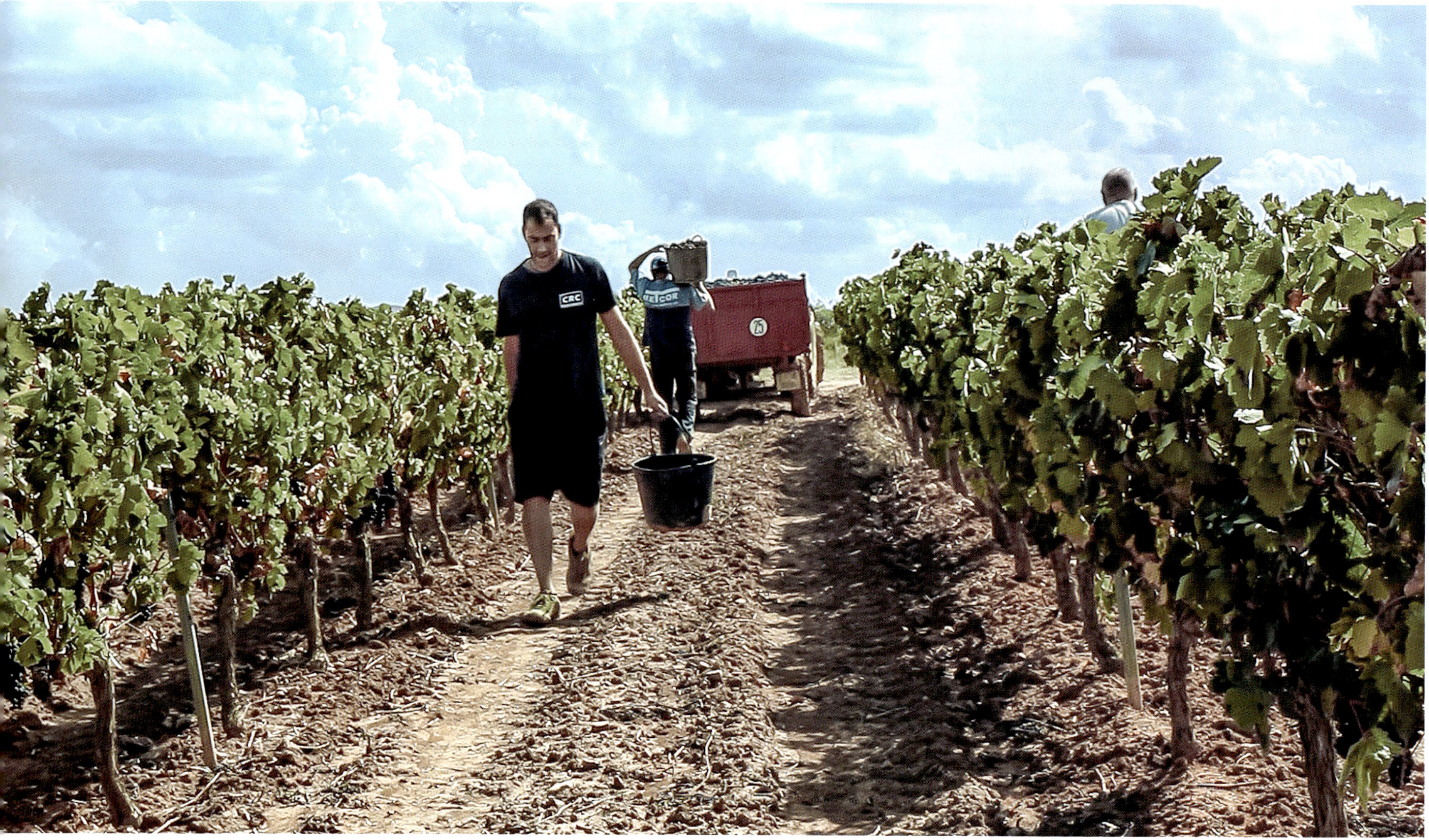
CRC

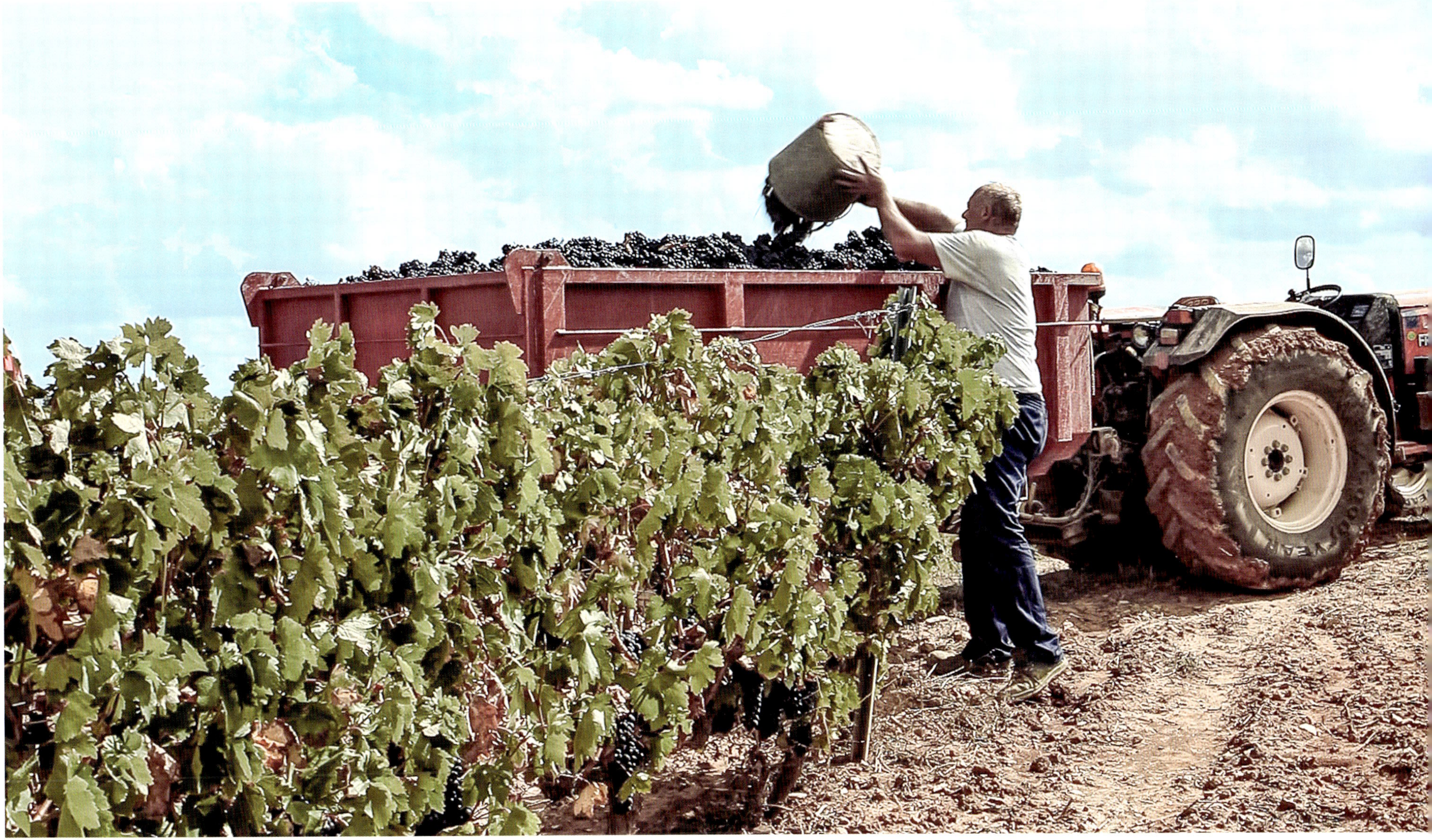

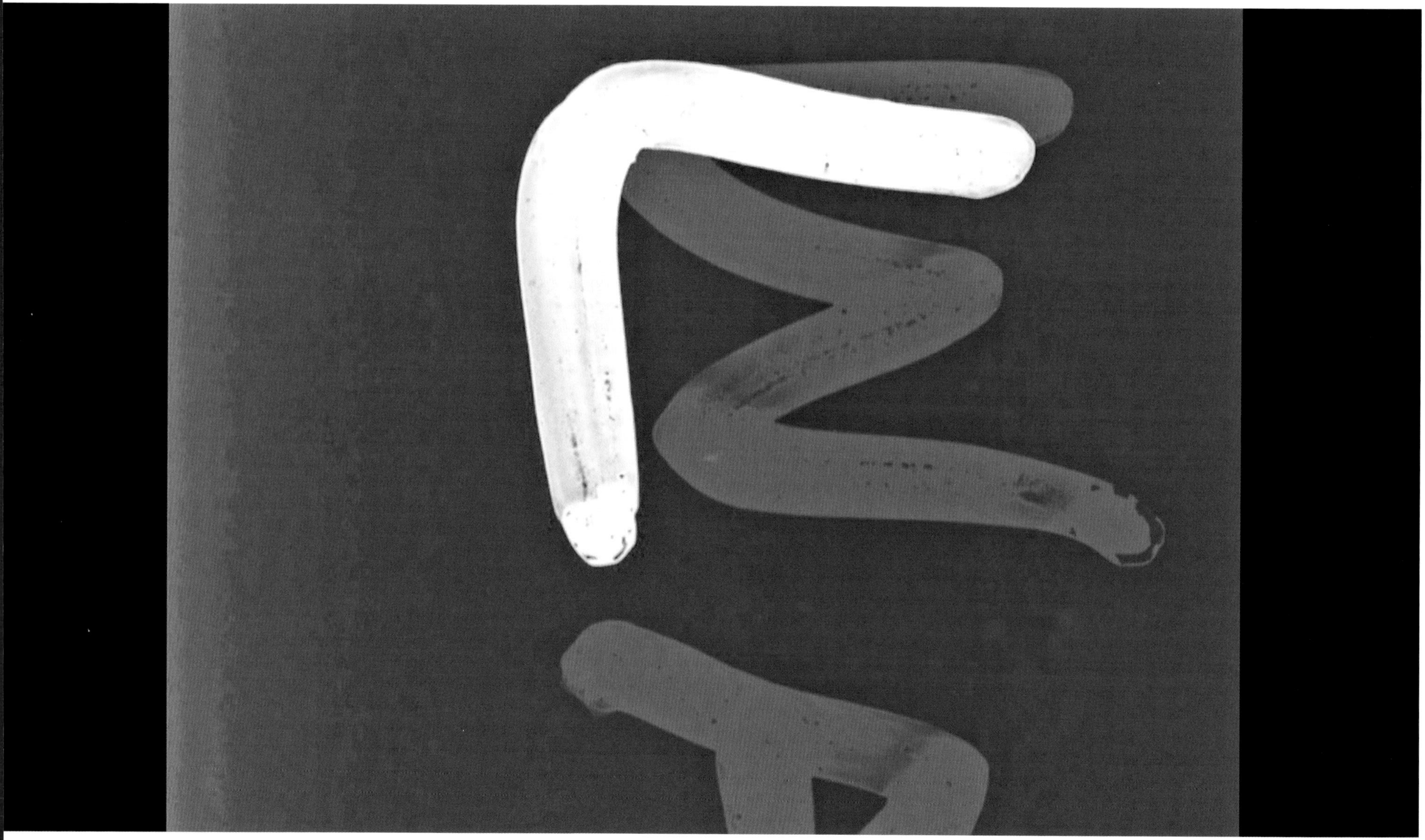

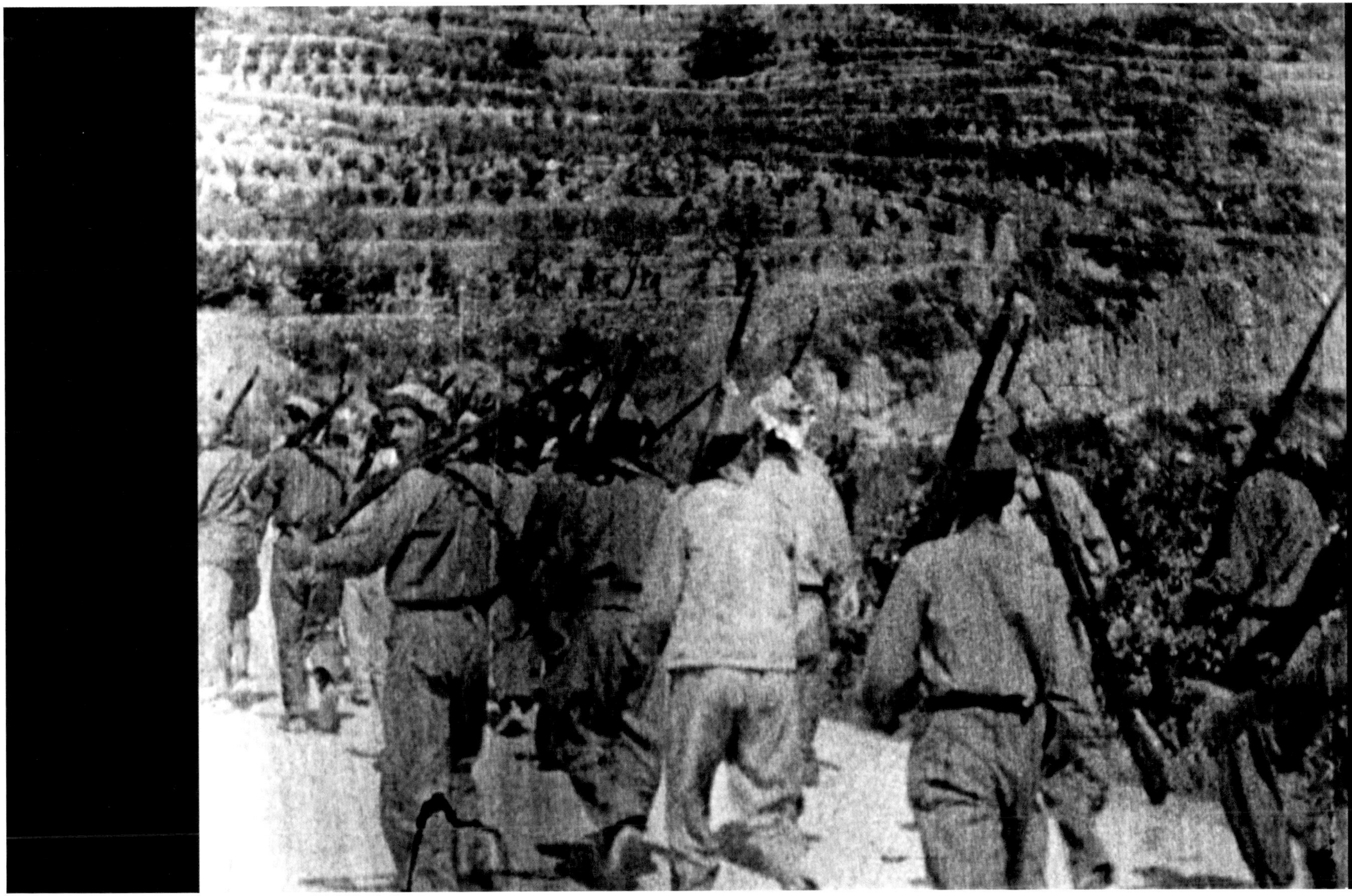

Walking to the front line.

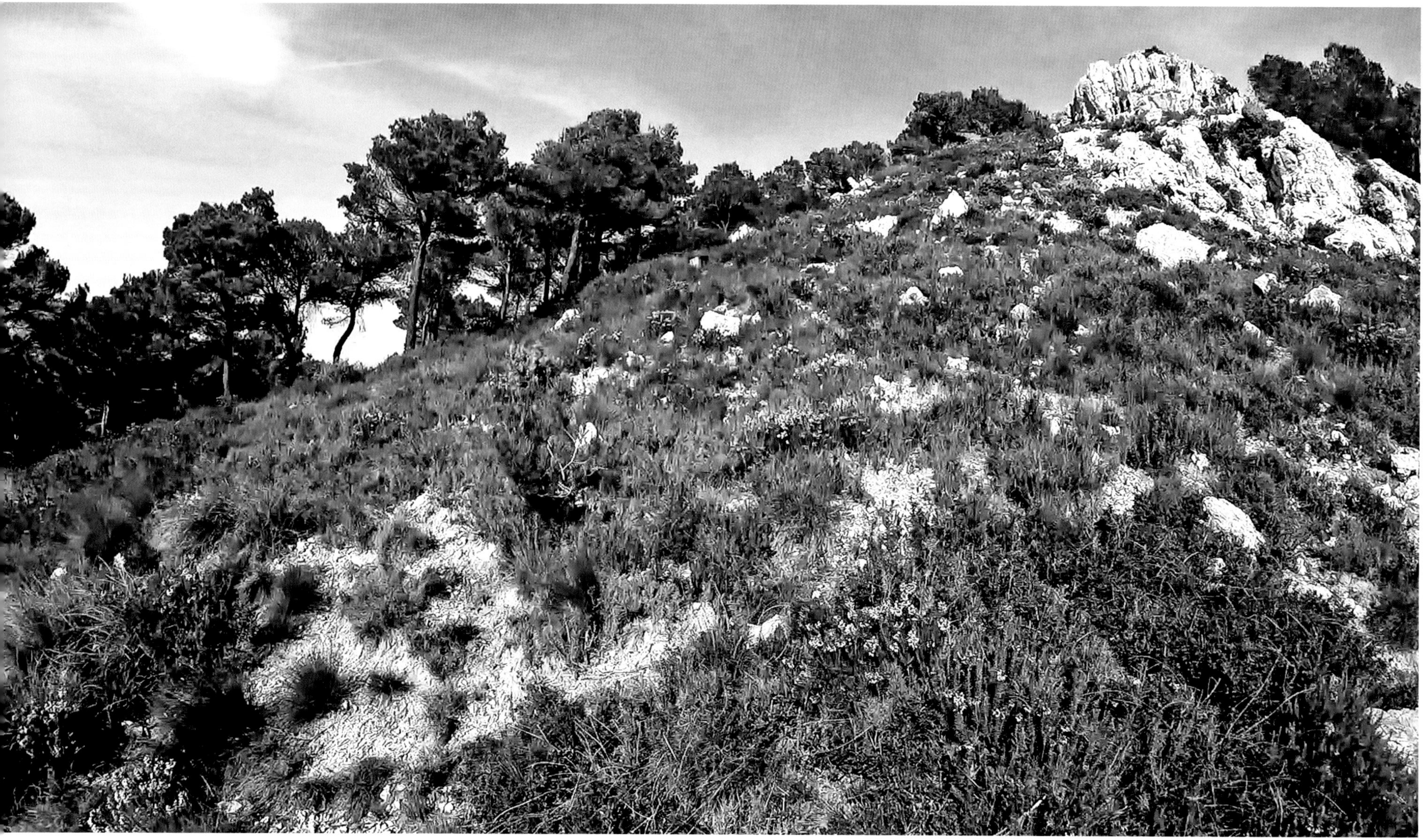

What was the front line.

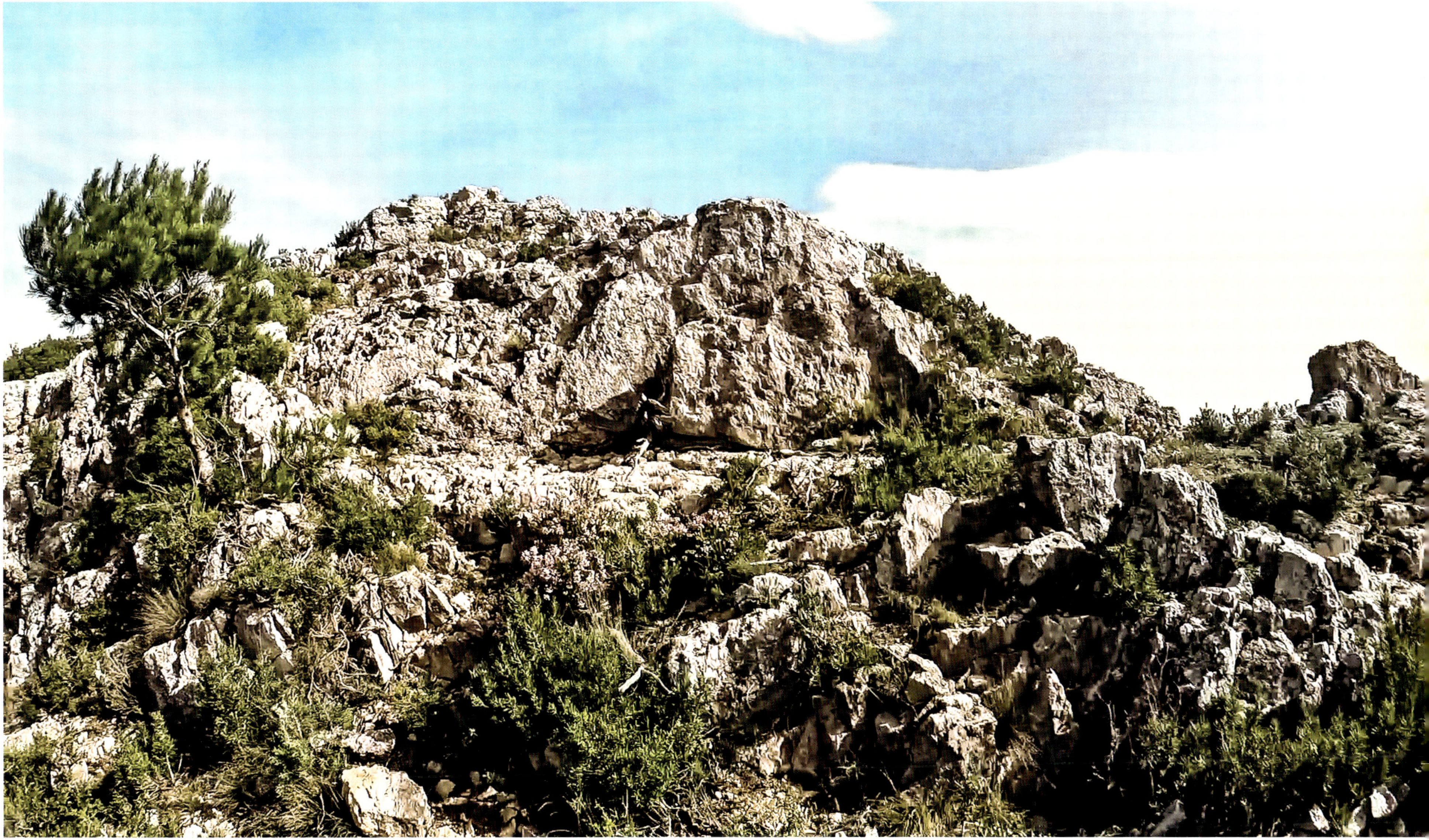

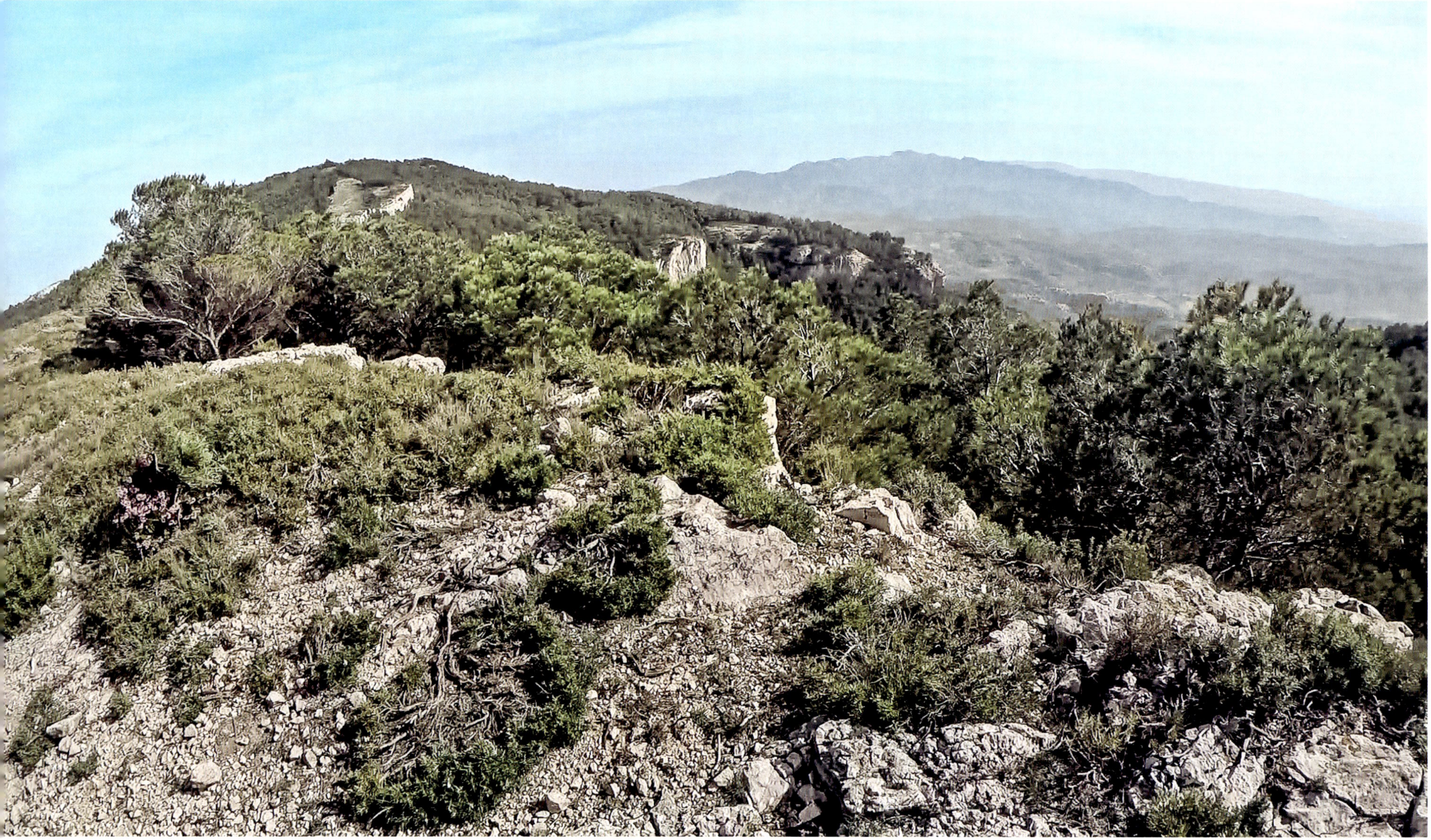

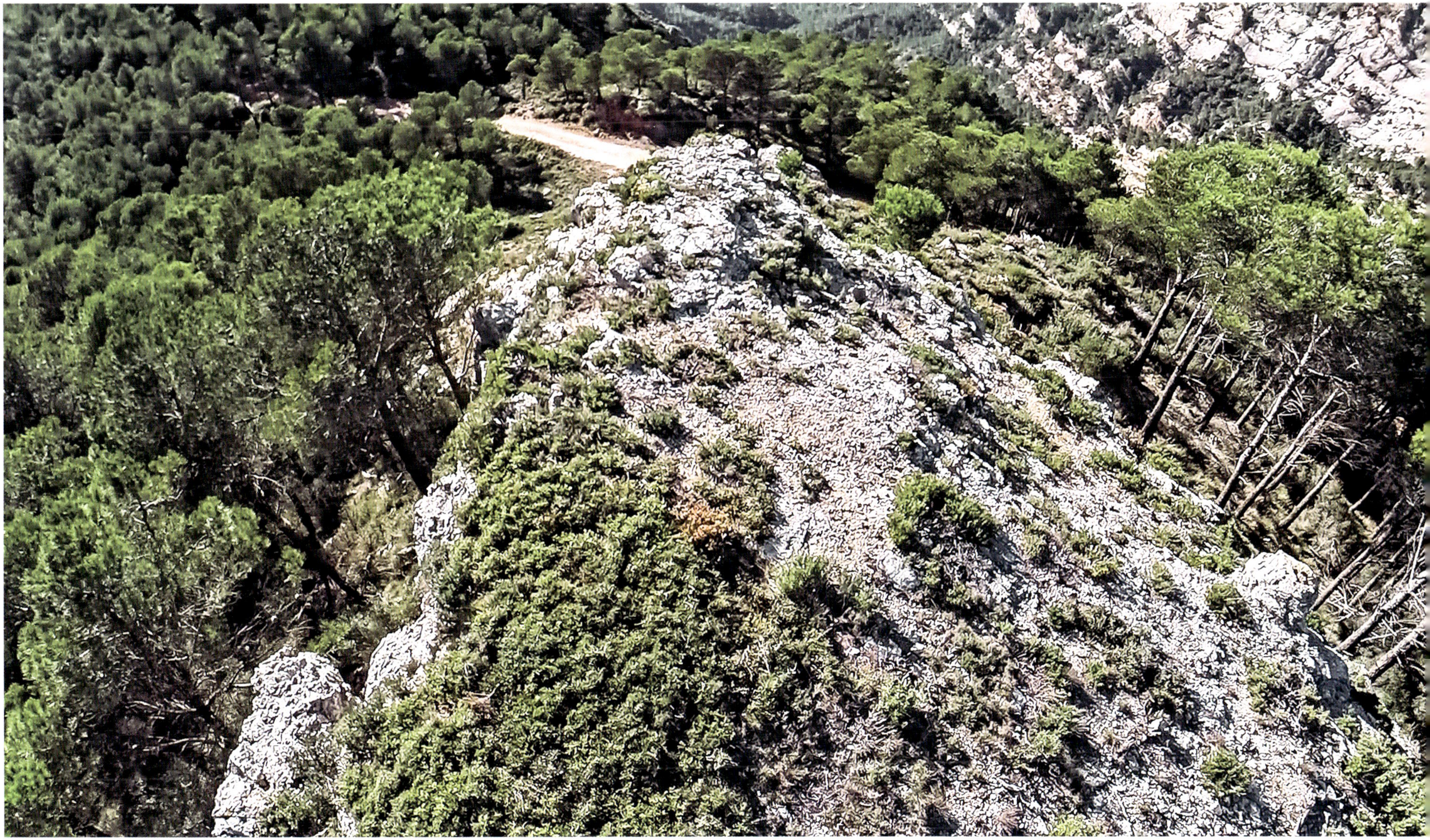

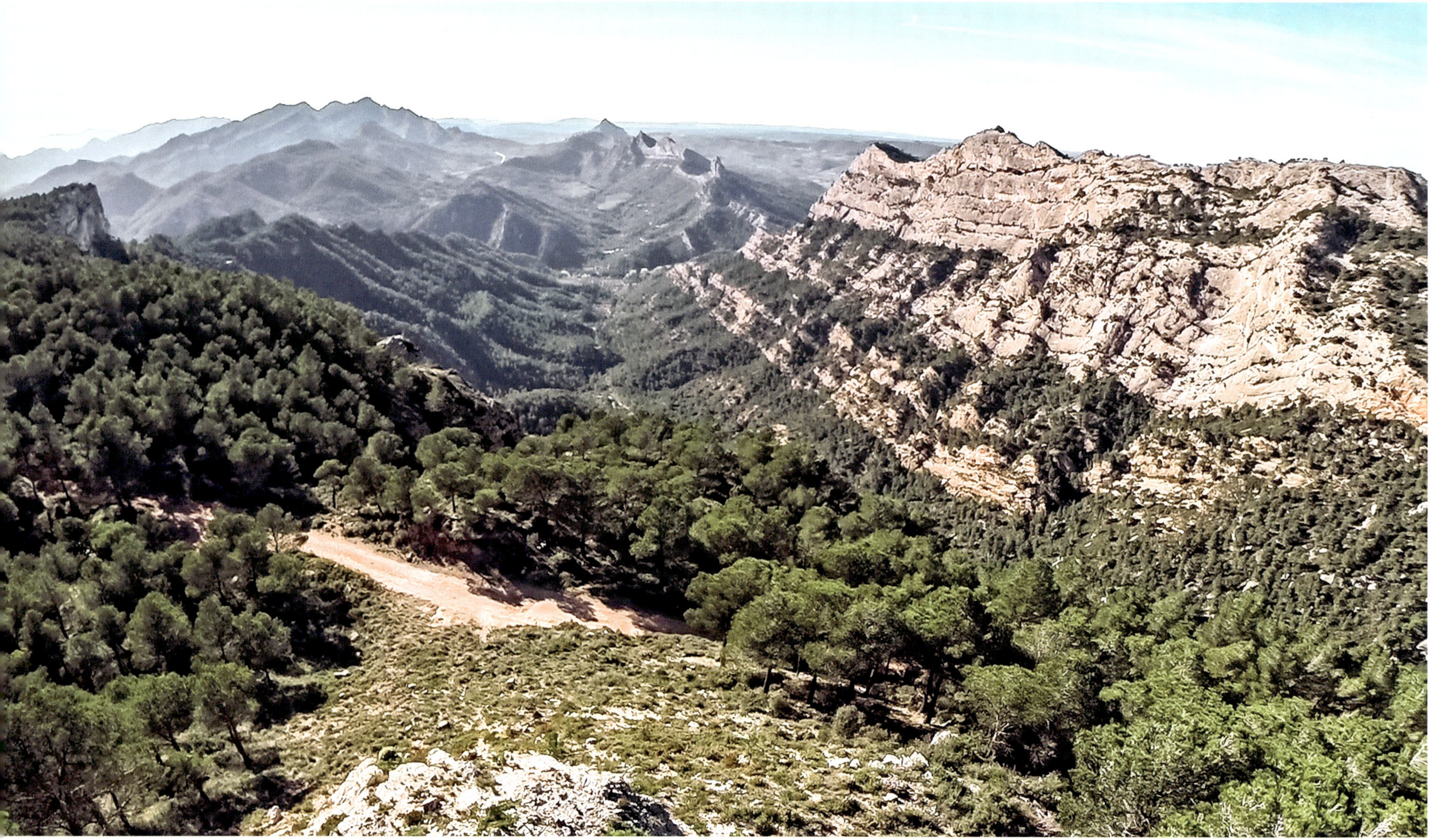

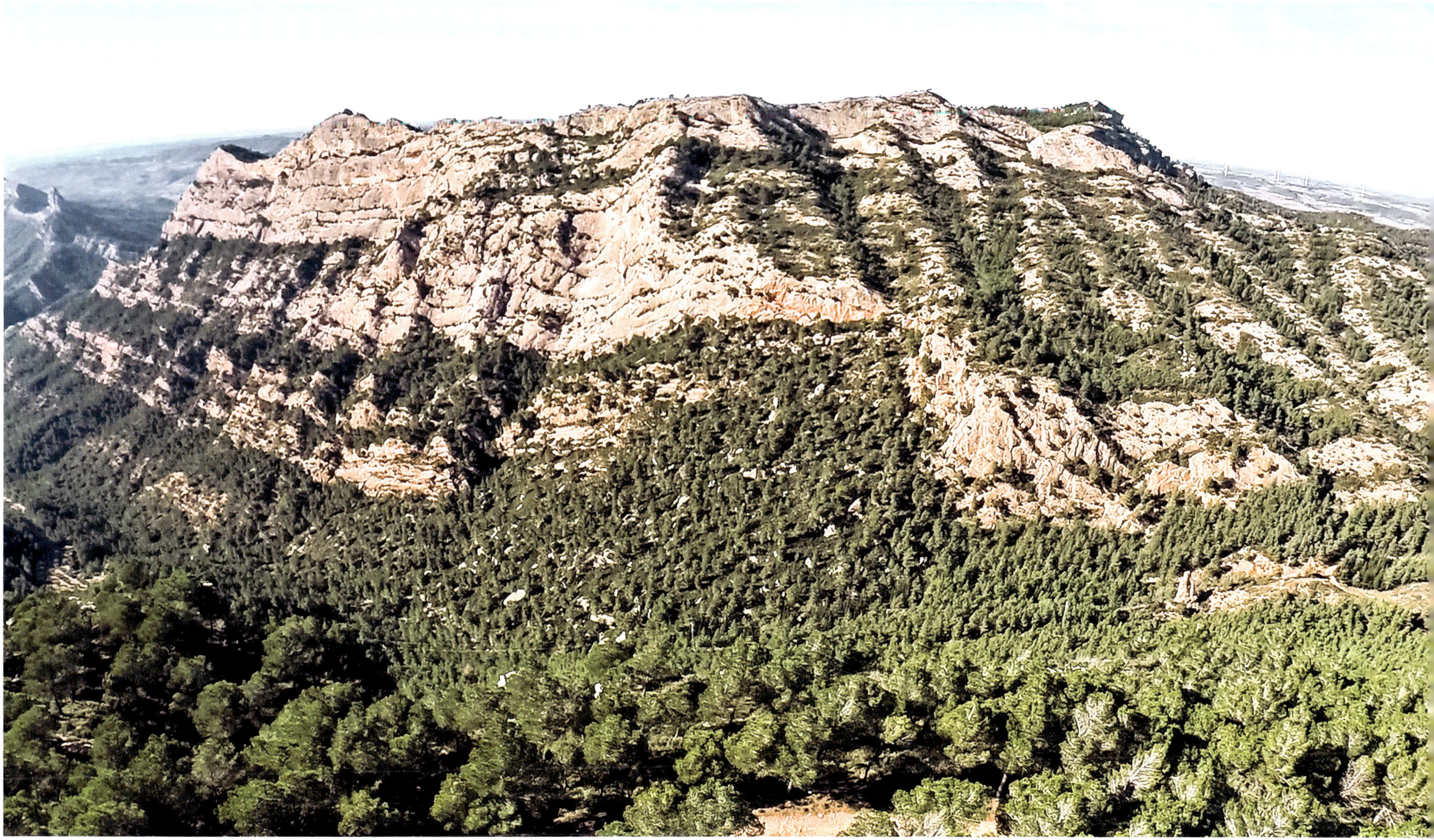

The front as it is today, with no front line.

Francesc Torres

\- - - - - - - - - - - - - - - -

¿Qué sabe la Historia de morderse las uñas?

El título del proyecto del que este libro es parte proviene de una frase de la novela titulada *Darkness at Noon*[1] de Arthur Koestler y resume la implacable indiferencia de la Historia, en el sentido hegeliano del término, por el ser humano en su desnuda individualidad. La Historia es apriorísticamente amoral, un organismo vivo desprovisto de consciencia. La piedad no es parte de la Historia, sólo es la naturaleza totalitaria del evento: las cosas suceden como suceden, terminan como terminan y arrastrado por ese *tsunami* uno vive o muere, es recordado u olvidado y, en el concierto general de los hechos, no importa demasiado que sea una cosa o la otra. ¿O sí importa?

Durante la Guerra Civil Española un contingente de aproximadamente 3.500 norteamericanos, casi todos hombres y algunas mujeres, se incorporaron a las Brigadas Internacionales de voluntarios de izquierda organizadas por el *Komintern* para luchar en defensa del gobierno legal de la España republicana contra el golpe de estado fascista apoyado por Hitler y Mussolini. A la unidad norteamericana se la conoció por el nombre de la Brigada Abraham Lincoln incorporada a la famosa XV Brigada Mixta del Ejército Republicano. La mitad no regresó a su país.

Harry Randall fue uno de los que sí regresaron. Era el fotógrafo y camarógrafo de la brigada y su trabajo constituye la base del proyecto, presentado en este caso en formato editorial como libro de artista. El proyecto al completo lo componen una instalación multimedia, un vídeo monocanal y esta publicación. El material de base consiste en 45 minutos de película de 16mm filmada durante un período de dos años (1937-1938), ahora guardada en los archivos de la Abraham Lincoln Brigade (ALBA), depositados en la Tamiment Library de la New York University (NYU) de Nueva York. Casi nadie ha visto este material completo hasta la fecha.

La compilación fílmica no tiene una línea narrativa progresiva en lo particular. La tiene en cuanto a los bloques de material

---

1 Arthur Koestler, *El cero y el infinito*, Debolsillo, Barcelona 2011.

documental que la componen. Comienza con un viaje en tren que podría ser de Albacete al frente de la Zona Centro; sigue con imágenes de Ambite, Guadalajara; continúa con Teruel y acaba en el Valle del Ebro, pero todo ello está salpicado de saltos estacionales y cronológicos. Aparecen personas conocidas —Ernest Hemingway, Martha Gellhorn, Robert Merriman, Germina Galleani, el general Walter, el teniente coronel Vladimir Ćopić, comandante de la XV Brigada y algunos más—, el resto, gran mayoría, no lo son; sino que se trata de combatientes anónimos en una guerra exótica. Contiene las únicas imágenes en movimiento de Robert Hale Merriman, un brillante economista de Berkeley, miembro de los nueve comandantes que la brigada tuvo durante su vida operativa, falleció durante la retirada republicana del frente del Ebro en 1938. El metraje original no tiene sonido.

A falta de una mejor teoría y hasta que se demuestre que me he equivocado, propongo que el metraje utilizado —proveniente de los archivos personales de Harry Randall antes de ser depositados en ALBA— son descartes de material filmado para una película de propaganda política que no se terminó o se ha perdido. Esto explicaría su carácter aleatorio y también que Randall pudiera quedarse con él y llevárselo de vuelta a Estados Unidos. En cualquier caso, esto es sólo una teoría plausible pero especulativa para la que no he podido recabar pruebas documentales (Randall murió hace unos años). Tanto en la versión instalación como en la versión monocanal del proyecto que acompaña el libro se muestra el material fílmico sin alterar su aleatoriedad narrativa, algo así como mostrar el contenido de un descubrimiento arqueológico antes de tocar nada, antes de ser investigado y descifrado. En consecuencia, las imágenes no explican otra cosa que a sí mismas, susceptibles de ser leídas con los retazos de una historia que se puede remendar solamente si se tiene algún conocimiento previo del evento histórico al que hacen referencia, un trabajo azaroso tratándose de un evento aún polémico de la historia española, europea y americana del siglo XX. El único dispositivo añadido es material filmado por el que escribe en las tres localizaciones principales que aparecen en la película original de Randall: Ambite, Teruel y el Valle del Ebro. Este material contemporáneo funciona como contrapunto contextual del metraje original y lo ancla en el presente. Curiosamente; las imágenes originales no muestran combate real, lo más cercano a ello es, al final, una toma que muestra la salida de una columna hacia la primera línea de fuego casi en harapos y sin más equipo que sus fusiles. Ser consciente de que muchos no volvieron hace de esta escena una de las más emotivas de la película. Prácticamente todo lo demás muestra lo que ocurre cuando no pasa nada, que es el caldo de cultivo en que se mueve el combatiente en tiempo de guerra. Se pasa el tiempo esperando y, de golpe, el mundo se convierte en una pesadilla durante un tiempo relativamente corto pero experiencialmente muy intenso.

La formidable fuerza evocativa que estas imágenes poseen viene dada por la ausencia de orden narrativo, a pesar de ser por derecho propio una crónica exacta de un evento histórico-político paradigmático de su siglo, aunque no lo "explique". El poder y la belleza de estas trasegadas imágenes reside en el hecho de que representan un relato objetivo de algo que tuvo lugar hace ocho décadas durante un evento crítico de la historia del siglo pasado pero, al igual que la información contenida en un programa informático obsoleto, lo que aparece en pantalla es una representación fractal, una metáfora de la fragilidad connatural de la narrativa histórica y de la memoria.

La instalación consiste en tres video proyecciones sincronizadas. La proyección central muestra el material original contrapunteado con el metraje contemporáneo. Los otros dos canales laterales son una secuencia de retratos de brigadistas voluntarios. Ambas proyecciones laterales contienen los mismos retratos pero el orden de la secuencia es invertida de manera que sólo se produce una coincidencia a mitad de secuencia. Este retrato que coincide sincrónicamente en ambas proyecciones laterales es el de un combatiente afro-americano (Samuel Willis) que murió en combate. Los soldados negros eran cerca de un centenar, algunos de ellos jovencísimos y muchos habían considerado ir a Etiopía a luchar contra la invasión italiana, pero esa guerra terminó antes de que pudieran organizarse y de ahí que decidieran ir a España (*This ain't Ethiopia, but it'll do* [No es Etiopía pero ya me sirve] fue su frase más famosa). La pista de sonido es un *collage* de piezas musicales del compositor vanguardista americano y veterano también de la Brigada Lincoln, Conlon Nancarrow, cuya obra musical, en especial los conciertos para piano mecánico, es mundialmente famosa. Murió en México en los años 80 del siglo pasado.

Pienso que esta pieza funciona a dos niveles. Por un lado, como arqueología de la Guerra Civil española, entendida como la primera batalla de la Segunda Guerra Mundial. La presencia de ciudadanos americanos en España, el carácter secuencial de ambos conflictos tomados como un todo (la guerra de España terminó el 1 de abril de 1939, y la II Guerra Mundial empezó el 1 de septiembre del mismo año con los mismos protagonistas ideológicos), sitúa la obra en el contexto de la historia de Estados Unidos y España en el siglo XX. Por otro, la obra se despliega como meditación sobre la fragilidad inherente en los procesos de conservación de los eventos históricos, particularmente de aquellos empujados a los márgenes de la Gran Narrativa dominante, donde esos eventos son sujetos pasivos de los vaivenes, a veces arbitrarios, de accidentes, pérdidas, descalabros tecnológicos, simple pérdida de información o las consecuencias lógicas de un tiempo de caos, sin olvidar las interferencias ideológicas y políticas de turno. Sin embargo, lo que transpira como algo increíblemente fascinante y misterioso es la manera en que estos sedimentos fractales pueden, a menudo, contener tanta fuerza visual y tanto poder de evocación como es el caso del material que he usado. La idea de elaborar un dossier de imágenes congeladas del video central del proyecto es consecuencia del deseo de captar en un videograma detenido lo que el ojo no puede percibir al observar la imagen cinemática. Cada videograma es distinto y singular en cuanto a exposición y calidad, pero se homogenizan en movimiento. Actúan individualmente como momentos álgidos de consciencia exacerbada, como lo que aparece en la oscuridad de una habitación al ser iluminada con una potente lámpara que revela contenidos, al mismo tiempo que crea las sombras que ocultan lo que cubren. Toda obra de arte actúa como un acelerador de las partículas de la consciencia, de forma que sus colisiones nos descubren una verdad no evidente. Resumiendo, esta obra reflexiona sobre la sedimentación histórica más allá del evento en concreto; es un comentario sobre la fragmentación material, literal y metafórica, que silentemente duerme bajo la políticamente condicionada y socialmente negociada narrativa oficial de la Historia.

Francesc Torres

\- - - - - - - - - - - - - - - -

Què sap la Història de mossegar-se les ungles?

El títol del projecte, que també inclou aquest llibre, prové d'una frase de la novel·la *Darkness at Noon*[1] d'Arthur Koestler, i resumeix la implacable indiferència de la Història —en el sentit hegelià del terme— vers l'ésser humà en la seva nua individualitat. La Història és, apriorísticament, amoral: un organisme viu desproveït de consciència i, per tant, de pietat. La Història només és la naturalesa totalitària de l'esdeveniment: les coses passen com passen i s'acaben com s'acaben, i l'individu, arrossegat per aquest tsunami, viu o mor, és recordat o és oblidat. En el batibull general dels esdeveniments, no té gaire importància si és una cosa o l'altra. O potser sí?

Durant la Guerra Civil espanyola, un contingent format per uns tres mil cinc-cents nord-americans —la majoria homes, i algunes dones— es van unir a les Brigades Internacionals de voluntaris d'esquerres organitzades pel *Komintern;* el seu objectiu era lluitar en defensa del govern legal de l'Espanya republicana contra el cop d'estat feixista que tenia el suport de Hitler i Mussolini. La unitat nord-americana era anomenada la Brigada Abraham Lincoln, incorporada a la famosa XV Brigada Mixta de l'Exèrcit Republicà. La meitat d'aquest contingent mai no va tornar al seu país.

Harry Randall, però, sí que ho va fer. Era el fotògraf i càmera de la brigada, i el seu treball —en aquesta ocasió presentat en format editorial com a llibre d'artista— constitueix la base del projecte, que també inclou una instal·lació multimèdia i un vídeo monocanal. El material de base consisteix en 45 minuts de pel·lícula de 16mm, filmats durant un període de dos anys (1937-1938), ara guardats als arxius de l'Abraham Lincoln Brigade (ALBA), dipositats a la Tamiment Library de la New York University (NYU) de Nova York. Fins ara, gairebé ningú ha vist aquest material complet.

La compilació fílmica no presenta una línia narrativa progressiva pel que fa als detalls particulars, però sí quant als blocs de material documental que la integren. Comença amb un viatge en tren, potser a Albacete, al capdavant de la Zona Centre; continua amb imatges d'Ambite, Guadalajara; prosseguiex amb Terol i acaba a la vall de l'Ebre, però tot això puntejat de salts estacionals i cronològics. Hi surten algunes persones conegudes —com ara Ernest Hemin-

1 Versió en castellà publicada amb el títol: Arthur Koestler, *El cero y el infinito,* Debolsillo, Barcelona 2011.

gway, Martha Gellhorn, Robert Merriman, Germina Galleani, el general Walter, el tinent coronel Vladimir Ćopić, comandant de la XV Brigada Internacional–, però la immensa majoria són combatents anònims en una guerra exòtica. Conté les úniques imatges en moviment de Robert Hale Merriman, excel·lent economista de Berkeley i un dels nou comandants amb què va comptar la brigada al llarg de la seva vida operativa; va morir el 1938, durant la retirada republicana del front de l'Ebre. El metratge original no té so.

A falta d'una millor teoria i fins que es demostri que vaig errat, la meva tesi és que el metratge emprat (provinent dels arxius personals de Harry Randall abans de ser dipositats a l'ALBA) són descarts de material filmat per a una pel·lícula de propaganda política que no es va acabar o que s'ha perdut. Això explicaria per què presenta un caràcter aleatori, i també el fet que Randall se'l pogués quedar per després endur-se'l als Estats Units. En qualsevol cas, només és una teoria; plausible, però especulativa, perquè no he pogut aconseguir-ne cap prova documental (Randall va morir fa uns anys). En les dues versions del projecte que acompanyen el llibre –la instal·lació i el vídeo monocanal–, el material fílmic es projecta sense haver-ne alterat l'aleatorietat narrativa; seria l'equivalent de mostrar el contingut d'un descobriment arqueològic abans d'intervenir-hi, d'investigar-lo i de desxifrar-lo. Per tant, les imatges només s'expliquen a elles mateixes; les podem interpretar amb fragments d'una història que tan sols podem apedaçar si tenim un coneixement previ del fet històric al qual es refereixen: una feina feixuga, atès que es tracta d'un esdeveniment encara polèmic de la història espanyola, europea i nord-americana del segle XX. L'únic dispositiu afegit és el material filmat per aquest autor en les localitzacions principals que apareixen a la pel·lícula original de Randall: Ambite, Terol i la vall de l'Ebre. Aquest material contemporani funciona com a contrapunt contextual del metratge original i el lliga al present. Curiosament, les imatges originals no mostren cap combat real; el que més s'hi assembla és una escena, cap al final, on es veu la sortida d'una columna cap a la primera línia de foc: gairebé tots els homes van esparracats i l'únic equip que duen són els seus fusells. Ser conscient del fet que molts d'ells mai no van tornar fa que aquesta sigui una de les escenes més emotives de la pel·lícula. La pràctica totalitat de la resta ens ensenya què passa quan no passa res, que és el pa de cada dia per al combatent en temps de guerra: es passa tota l'estona esperant i, de sobte, el món esdevé un malson durant un temps relativament curt, però molt intens en experiències.

La formidable força evocativa d'aquestes imatges és fruit de l'absència d'un ordre narratiu: encara que relaten fil per randa la crònica exacta d'un esdeveniment historicopolític paradigmàtic del segle XX, no ens «l'expliquen». El poder i la bellesa d'aquestes imatges desendreçades rau en el fet que ens presenten un relat objectiu de quelcom que es va produir fa vuit dècades, durant un esdeveniment crític de la història del segle passat, però, tal com succeeix amb les dades d'un programa informàtic obsolet, el que veiem a la pantalla és una representació fractal, una metàfora de la fragilitat connatural de la narrativa històrica i de la memòria.

La instal·lació consta de tres videoprojeccions sincronitzades. La projecció central mostra el material original contrapuntejat amb el metratge contemporani. Els altres dos canals laterals són una seqüència de retrats de brigadistes voluntaris. Les dues projeccions laterals contenen els mateixos retrats, però l'ordre de la seqüència està invertit, de manera que només es produeix una coincidència a la meitat de la seqüència. El retrat que coincideix sincrònicament amb les dues projeccions laterals correspon a Samuel Willis, combatent afroamericà que va morir lluitant. Els soldats negres sumaven prop d'un centenar. Alguns eren molt joves i tenien la intenció d'anar a Etiòpia a lluitar contra la invasió italiana; aquesta guerra, però, es va acabar abans que es poguessin organitzar i van decidir d'anar a Espanya. *(This ain't Ethiopia, but it'll do* [No és Etiòpia, però ja em va bé] va ser la seva frase més famosa). La pista de so és un collage de peces musicals de Conlon Nancarrow, compositor avantguardista nord-americà i també veterà de la Brigada Lincoln. La seva obra musical, en especial els concerts per a piano, és famosa a tot el món. Va morir a Mèxic a la dècada de 1980.

Penso que aquesta peça funciona a dos nivells. D'una banda, com a arqueologia de la Guerra Civil espanyola, entesa com la primera batalla de la II Guerra Mundial. La presència de ciutadans nord-americans a Espanya i el caràcter seqüencial de tots dos conflictes interpretats com una unitat (la guerra d'Espanya va acabar l'1 d'abril de 1939 i la II Guerra Mundial va començar l'1 de setembre del mateix any, amb els mateixos protagonistes ideològics) situen l'obra en el context de la història dels Estats Units i d'Espanya al segle xx. De l'altra, l'obra es desplega com una meditació sobre la fragilitat inherent als processos de conservació dels esdeveniments històrics, en concret d'aquells empesos als marges de la Gran Narrativa dominant, on aquests esdeveniments són subjectes passius de vaivens a vegades arbitraris, d'accidents, de pèrdues, de daltabaixos tecnològics, d'una simple pèrdua d'informació, o de les conseqüències lògiques d'un temps de caos, sense oblidar les interferències ideològiques i polítiques de torn. No obstant això, el que transpira com quelcom increïblement fascinant i misteriós és la manera com aquests sediments fractals sovint poden tenir tanta força visual i tant poder d'evocació com els del material que he fet servir. La idea d'elaborar un dossier d'imatges congelades del vídeo central del projecte és fruit del desig de captar, en un videograma detingut, allò que l'ull no pot percebre en observar la imatge cinemàtica. Tots i cadascun dels videogrames són diferents i singulars pel que fa a l'exposició i la qualitat, però s'homogeneïtzen en moviment. Actuen individualment com a moments àlgids de consciència exacerbada, com el que apareix a la foscor d'una habitació en ser il·luminada per un llum potent que revela continguts i que alhora crea les ombres que oculten allò que amaguen. Tota obra d'art actua com un accelerador de les partícules de la consciència, de manera que les seves col·lisions ens descobreixen una veritat gens evident.

En resum, aquesta obra reflexiona sobre la sedimentació històrica més enllà de l'esdeveniment concret. És un comentari sobre la fragmentació material, literal i metafòrica, que dorm en silenci sota la narrativa oficial de la Història, políticament condicionada i socialment negociada.

This artist book was published in conjunction with the exhibition that took place at the Davis Museum, Wellesley College, Wellesley, Massachusetts; Museo de Teruel, Teruel; Centre d'Art La Panera, Lleida; and Centro-Museo Artium, Vitoria-Gasteiz.

Este libro de artista ha sido publicado con motivo de la exposición que han albergado el Davis Museum, Wellesley College, Wellesley, Massachusetts; Museo de Teruel, Teruel; Centre d'Art La Panera, Lleida; y Centro-Museo Artium, Vitoria-Gasteiz.

Aquest llibre d'artista ha estat publicat amb motiu de l'exposició que ha tingut lloc al Davis Museum, Wellesley College, Wellesley, Massachusetts; al Museu de Terol, Terol; al Centre d'Art La Panera, Lleida; i al Centre-Museu Artium, Vitòria-Gasteiz.

The edition is limited to 500 numbered copies, plus 50 copies hors commerce.

La edición está limitada a 500 ejemplares numerados, más 50 ejemplares hors commerce.

L'edició està limitada a 500 exemplars numerats, més 50 exemplars hors commerce.

Copy / Ejemplar / Exemplar

040

Museo de Teruel
Diputación de Teruel

centre d'art la panera

La Paeria
Ajuntament de Lleida

Generalitat de Catalunya
Departament de Cultura

Artium
Vitoria-Gasteiz
www.artium.org

Arabako Foru Aldundia
Diputación Foral de Álava

NCH
Newhouse Center for the Humanities
Wellesley

Dep. Legal: B-12.566-2016

ISBN: 978-84-343-1359-0

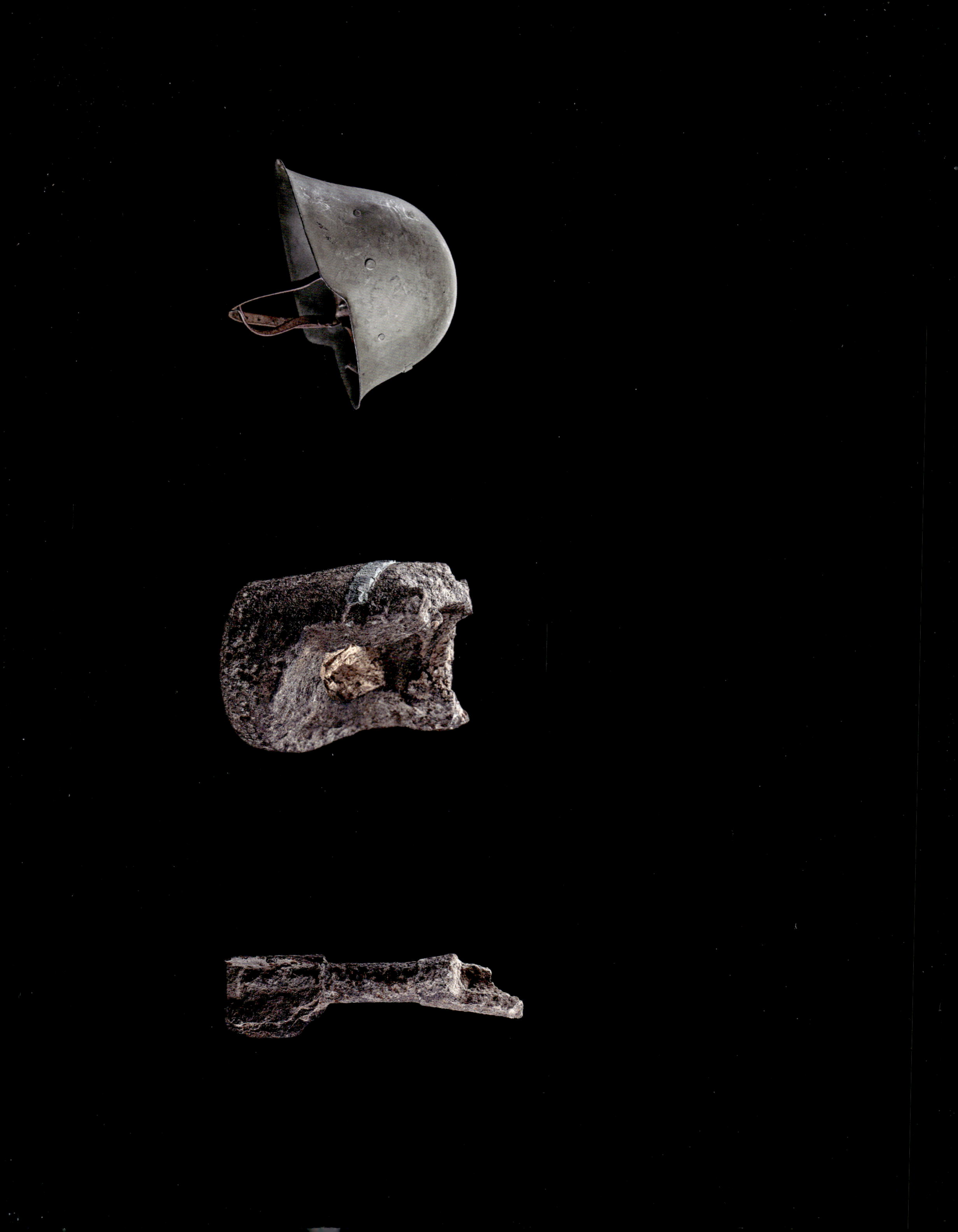